修験道の世界から見る

霊魂不滅

（れいこんふめつ）

清水泰雄

ほおずき書籍

霊山戸隠連峰
残雪がまだ見える戸隠の初夏。

戸隠連峰と蕎麦
蕎麦の花は清楚で可憐。

水芭蕉
標高1100mの湿地帯に４月下旬から６月にかけて咲き競う。
花言葉は「美しい思い出」。

姫野公明尼
宝篋印塔建立開眼式において

現役の佐藤総理大臣夫妻が沖縄施政権返還に関しお礼のためお忍びで姫野公明尼を訪問したとき
小坂元外務大臣、倉石元農林水産大臣の顔も見える。

役行者像（五流尊龍院提供）

金峯山寺

吉野山

公明院入口

公明院拝殿

昭和25年８月15日落成式当日遺族代表が参拝するとき塔の上に軍人の霊が現れた

万国之英霊宝筺印塔

姫野公明尼の墳墓

延命地蔵大菩薩が納まる五角堂

公明院五角堂に安置されている延命地蔵大菩薩

公明院境内にある宣澄の慰霊碑・釈長明火定の碑

姫野公明尼による毛筆（銅板製）

戸隠天命稲荷

戸隠天命稲荷大明神尊像

戸隠天命稲荷に姫野公明尼が笑って現れる

左写真の右側部分を拡大したもの

金箔が現れた
公明尼のお顔

元梨本宮伊都子妃、姫野公明尼、信州新町講の人びと
本写真の姫野先生のお顔の部分を引き伸ばし仏壇に飾っておいたところ、いつの間にか金箔が現れた（上の写真）

若穂天命稲荷

若穂天命稲荷に隣接する古墳

正一位鬼女紅葉稲荷大明神

姫野公明尼が紅葉からの霊告により発見された「奥の岩屋」の前宮として公明尼の十七回忌を記念して昭和61年(1986)に建立された。戸隠の荒倉キャンプ場入り口にある。

戸隠神社本社（奥社）

『古事記』にもある「岩戸神話」の神・天手力雄命（あまのたぢからおのみこと）を祀る。

（写真提供：戸隠神社）

奥社随神門

奥社参道の中程にある。ここまでの道の両脇には小川があり、この先は神々の世界といわれている。

奥社参道と坊の跡

手前の石垣が坊の跡の一部。

はじめに

筆者が「修験道」というものに少し興味を持ったのは、修験道における霊能力者であった「姫野公明尼」という人を知ってから遥か後のことです。

姫野公明尼は、霊能力を身につけられていた修験者で、九州豊後（ぶんご）の国（現在の大分県湯布市湯布院町）に生まれ、英資神慮に叶った方です。人の心の中、さらには過去、現在、将来にわたって知見でき、そして政財界はじめ一般の方々とも膝を交えて多くの人びとを導き尊敬を得られ、普通では考えられない驚くことをなされた方です。

修験道には、いわゆる仏の世界での三世（さんぜ）を救済する思想がありますが、師（姫野公明尼）はまさに過去、現在、将来を見透して人びとの心配事の相談に応じ、救済してきた稀有な方です。過去と向き合う際にも、千年を超える過去の人の声を聞くことができた人でした。そうかと思うと、一般に「体外離脱」と言われることが、実際にできた方です。すなわち臨場することなく、離れた所のことが分かった人でした。普通では考えられない不思議な力を持っておられた方です。

この本を手にされた方は〝ウソでしょう？〟と思われるかもしれませんが、事実です。何故できるのか調べてみましたが、浅学筆者には分からないのです。哲学でいう「不可知論」の範疇になりましょう。すなわち、「意識に与えられる感覚的経験の背後にある実在は論証的には認識できない」

（広辞苑）ことになります。したがって本書では、若干筆者の思いと合わせ、ここに改めてその不思議な事実について世の皆さんの評価を得たいと思い著してみました。筆者には意味深い難しい言語では著すことはできませんので、平易な日常用語で、しかも感じたまままとめてみました。

姫野公明師は、政財界はもとより一般の方の日常の細かいことまで親身になって相談に応じて、「草の根救済」とでも言えることを実践し、救ってこられていた方です。さらには、非業の死で尊い命を落とされた方々に心を痛めており、特に沖縄戦争で亡くなられた民間人を含めた二〇万にも及ぶ方々の御霊を、自ら足を運んで鎮めることを想い、その思いを遂行するために全力で取り組んでいます。

当時、外務省でも〝無理だろう〟と思われていたことですが、師は隠密に、時の佐藤栄作総理大臣をはじめとする政界に働きかけて一九七二年五月十五日、アメリカからの沖縄の施政権返還を実現されています（拙著『姫野公明の奇蹟』ほおずき書籍）。ちょうど今年（二〇二二年）は返還五〇年に当たり、沖縄と東京の二会場を中継で結んで記念式典が行われました。岸田首相は式典の式辞で「沖縄の潜在力を最大限に引き出し、強い沖縄経済を実現する」として沖縄の振興に継続して全力で取り組む考えを示しました。

アメリカの施政権返還、いわゆる沖縄の本土復帰に姫野公明師が関わったことについて、沖縄の歴史が書かれている書物には何も書かれていません。このことは佐藤総理の日記に「後は史家の批評を待つのみ」とだけあります。また、姫野公明師という人は名利を極端に嫌う人でした。したがってお二人は、このことを墓場まで持っていき、逝っています。

姫野公明師は修験者ですが、修験道という宗教は役小角（えんのおづぬ）（役行者（えんのぎょうじゃ））を開祖として、自然に恵まれている日本という風土のなかでの自然信仰に仏教や道教、さらに儒教までもが重なり合って生まれたものと言われています。したがって、修験道はすべての宗教を取り込んだ宗教ということになります。

自然信仰においては、初日（はつひ）を見れば手を合わせ、巨木があると注連縄（しめなわ）をかけ祈りたくなりますが、日本人のこの心源流は、遥か数千年もの昔からなのです。このことを考えると、日本人はなんと素晴らしい国民であり続けたのでしょう。

一般の方々は修験道に対して、宗教というよりは、〝白装束の山伏が山を歩き、滝に打たれ、何かを求めるものであろう〟ぐらいの印象をお持ちでしょうが、れっきとした宗教です。何故この宗教が、私どもの身近にないのかと言いますと、平安時代に全盛を迎えた後、江戸時代に幕府により統制されたという経緯によります。また近年、特に明治になって、日本文明の近代化を進めようと考えた政府により修験道は禁止されたのです。この修験道が息を吹き返して表舞台に再登場するのは、信教の自由が認められた戦後憲法が発布された昭和二十一年（一九四六）以降です。

一方、修験道には教義というものが無いのです。一般の他の宗教には最澄の天台宗、空海の真言宗、日蓮の日蓮宗、親鸞の浄土真宗のように開祖がおり、立派な教義が残されています。修験道の開祖は役小角とされていますが、役小角は教義と言えるものは残していないのです。しかし小角の験力(げんりき)には目を見張るものがあり、山伏の方々は彼を師として仰ぎ、自らを厳しい自然の中の修行の場に身を置き、何かを感得すべく努めているのです。

私どもは自然に対して心の安らぎを覚えると同時に、その厳しさについてもよく知っています。一方、人間は自らの持っている〝傲慢さ〟とでもいうものに嫌気が差すこともあります。世の中の進歩・便利さを追求してきた過去に対して、〝本当にこれでいいのか〟と考えることが、どなたにもありましょう。本書では、筆者なりに「人間の死とは、魂とは、どう捉えるのがいいのか」、また「知の巨人」と言われた立花隆氏が多くの人の臨死体験を通じて著した「死」についての考え方について、筆者の感想と姫野公明師の実践したことを合わせ記してみました。

この「魂」とは何なのでしょうか。どう捉えたらいいのか筆者なりに思いますのは、我われ日本人のDNAには有史以来、「汎神論」(一切の存在は神であり、神と世界は一体という宗教観)にありますように、見えない世界、とりわけ人間の五感で感ずる世界が刷り込まれていますが、この五感のほかに何かがあるように思うのです。それが「魂」だと思います。私たちが神秘的な場所、樹齢が何百年を超えるような大木のある森林に行き、そこに身を置いたとき、自然に対し何か感ずるでしょう。しかし、その感ずる感覚は言葉では確実に表現できません。筆者は、この表現できない感覚こそがその人の「魂」だと思うのです。修験者の皆さんは、この「魂」を鍛え、磨き上げるのではないでしょうか。

姫野公明師は、事あるごとに「人間には魂があり〝霊魂不滅〟」と言っておられました。

一方、民俗学者の柳田國男は著書の中で「霊魂不滅ほど厄介なものはない」と言っています。何故なら「資料も何も得られないからだ」と言っています。筆者も当然、おっしゃられるとおりだと思うのです。なにせ、完全に亡くなってから帰ってきた人はいないのですから。おそらく「霊魂不滅」と言っている姫野公明師も、理屈と言いますか論理的には表現できなかったと思うのです。ただ、師は実践面で証明しているのです。この実践は事実であり、理論より遙かに強い説得力があります。もともと修験道宗という世界は、不可知論により世界が成り立っているように思うのです。

本書では、この実践面の事象について著しておきました。不思議で信じ難いと思われることが多く著してありますが、すべて事実です。

人間は、自然に許された生き方を再確認しなければならないと思うのです。近年、気候変動により災害が世界中に際立ってきていることはご存じのとおりです。昨年（二〇二一年）、温暖化の先駆者としてノーベル物理学賞を受賞した真鍋淑郎博士は、たしか地球の二酸化炭素が二倍に増えると気温が二・三℃も上昇すると予測していました。遅まきながら修復しようとする動きがありますが、残念ながら遅々として進んでいません。

身近なところでは、このところ全人口に占める高齢者の割合が高くなってきていますが、真夏にクーラーも入れられず、暑さに耐えられずに倒れ、死亡される方のことがよく報道されます。このことと、私どもが直面している気候変動とは無縁ではないことはどなたも認識しているところです。すなわち富める者が豊かさを享受し、弱者にしわ寄せがきている結果なのです。世界の一〇％

の富裕層が全世界の富の四分の三を占めているという計算結果が出ていると言われます。人間の欲望が地球の容量を遥かに超えていることに早く対処しないと大変なことになると、ようやく世界の人びとは気づき始めました。しかし、修復には程遠いことはどなたも分かっています。人間の生き方を変える新しい哲学を樹立し、政治、経済を導いてほしいと、最近特に感ずるところです。

そこへいくと、修験道宗は「自然に寄り添い生きること」の重要さを基本にした宗教です。そういう生き方がもともと日本には息づいてきています。したがって自然を師とし、日本古来の神々とインドからやって来た仏教の仏菩薩を分け隔てなく尊崇する修験道こそ日本の伝統文化の粋（すい）であり、世界に向かって誇るべきものだということが、ようやく理解され始めてきたような気がします。

昨年（二〇二一年）、吉野の金峯山寺（きんぷせんじ）から奥駈（おくがけ）修行道の一部を歩き、多くの修験者の皆さんに会い、お話を伺うことができました。修験道に関心を持ち、山の修行に参加する人が増えてきているそうです。何か近代社会の行き詰まり感が高まるにつれて、修験道に何かを求める皆さんが多くなっているのではないでしょうか。

「心に力を持てば、そこに行動、実践が生まれる。〝心に力を〟、それが修験道の心である」と言っています。（醍醐寺執行長、沖田順和氏）

千三百年を超える修験道は、いま新しい時代を迎えようとしているように思います。

二十一世紀は、すべての宗教の礎であるこの修験道宗の一層の発展と宗教間の争いのない世界が訪れることを切に願うものです。

霊魂不滅―修験道の世界に見る― ■目次

霊魂不滅

―修験道の世界に見る―

第一章　自然から生まれた修験道

一　自然と宗教

日本列島に人間が住み着いてからというもの、私たちの先祖は何を思い、何を考え住み続けてきたのでしょう。日本列島を俯瞰的に見ますと、およそ国土の三分の二が山や森で覆われています。その山や森の中で、私ども日本人は自然と共生してきたのです。そしてその自然の山、川、森、樹、同時にまた凪、暴風雨等、様々な環境の中で畏敬の念を抱きながら、自然を崇拝し、自然と共生してきたと認識しております。

現在においても、夏が到来し登山のシーズンを迎えますと、全国各地で「山開き」の儀式がとり行われます。筆者の住んでいる信州の上高地の山開きには、毎年二千人を超えるギャラリーが集まり、アルペンホルンの演奏で式典が行われます。山の安全祈願として厳粛な神事が行われるのです。先日、エベレストに登る日本隊の皆さんが頂上に向かって線香を上げ、安全を祈願している様子が報道されていました。〝おそらく外国の登山隊には見られない光景だな〟と思いながら見ていました。それは、山の神に人間が山に立ち入ることの許しを願うことから始まっています。

自然の中には、いろいろな場所があります。樹木が太く、高く見上げるように育っている森等に行きますと、なんというか実に不思議な、そして精妙な感じがするのです。そこでは、誰でも頭のてっぺんから足の先まで痺(しび)れるような感覚がします。

筆者自身、戸隠の公明院の近くの、戸隠神社の奥社にはよく行きますが、奥社の大鳥居入口から奥社本殿九頭龍社に続く参道、二㎞ほどある真っすぐな道は実に不思議な世界です。中間点付近にある茅葺き屋根の随神門付近はメインスポットになりましょう。ここを抜けると樹齢五百年を超える杉並木があります。また同じ戸隠神社の中社には、樹齢八百年の逸話が残る三本杉に注連縄(しめなわ)が張られており、参拝者の信仰があります。

筆者がまだ会社勤めの頃、毎年安全祈願のため伊勢神宮へ参拝に行きましたが、御存じのとおり、またここは特別な場所です。こういう場所に自分の身を置くとき、〝この世界で今、自分が生かされている〟〝見えない世界の何かを感じている〟〝自分の魂、心、身体が何かによってバランスを保ち守られ、そして生かされている〟という気持ちが生まれます。そのとき、感謝の気持ちが身体全体に染み入るのを覚えます。

しかし一方、お身体がご不自由な方、都会に住まわれて、このような場所がなかなか見つからない方もおられると思います。ご自分にとって気持ちのいい場所を探しておくこともいいでしょう。近くの海の見える場所、あるいは高いビルの屋上から日の出を見られるところも良いでしょう。大切なことは、すべてが繋がっていることへの感謝の気持ちを得られることではないでしょうか。言うなれば、ご自分が〝良い〟と感ずる気持ちになれる場所、感性が喜ぶところでいいと思うのです。

最近はパワースポットがブームになっている感がありますが、ご自分が行って〝良い感じ〟がする場所、そこが「パワーポイント」なのです。この〝気持ちが良くなること〟こそ、「その場所とその人が生まれながらに持っている〝波動〟とが同調した状態である」と言っている学者もいます。自然は、いつでも慈悲観音様のように優しく、自然の恵みを与えてくれています。しかし時として、非情なまでに人間に対して、厳しく律するように求めることがあります。人間は有史以来、その脅威を受け止めようとする心構えを肝に命じてきました。そしてそこに、自然に対する信仰が自然発生的に生まれてきたのです。

このことについて、書物によりますとよくこう書かれています。すなわち、「自然発生的に」と。これを筆者なりに考えてみますと、人類は長い間、狩猟採集民であったわけですが、その初めの文化は「アニミズム」であったのだと思うのです。すなわち「あらゆるものに霊が宿り、神がいた」という思想だったのでしょう。山には山の神が、海には海の神が、そして雷にも風にも神が宿り雷神、風神があったのだと思うのです。この自然の力を備えた神を祀ることによって自分たちを守ってもらう、ここに神への道が開かれたのだと思うのです。

したがって、長い間、祈らなければならないものを感じながら生きていたのだと思うのです。この在来の信仰が外来の宗教と出会うことで、自分たちの信仰を語る言葉を手にして、自分たちの信仰や修行の方法などを表現していったのだと思うのです。これが日本列島人のＤＮＡに刷り込まれ引き継がれてきて、日本人の人生観の基本が作りあげられたのではないでしょうか。したがって、そこには「共生」という概念が生まれ、そして長い間育まれてきており、自然と関わる宗教が生まれたのです。ですから、自然に最も近い宗教として「修験道」が生まれ、存在してきたのです。世界中の宗教の中で、修験道こそ一番「自然と関わる宗教」なのです。

キリスト教、イスラム教には、自然を〝崇拝〟することなく〝支配〟するという思想があります。それは『旧約聖書』の「創世記」〈第一章〉にある、次の記述にも表れています。

神は自分を形どって人を創造された。そして神に形どって創造された男と女に神は祝福して言われた。「産めよ、増えよ、地に満ちて従わせよ。海の魚、空の鳥、地の上を這う生き物をすべて支配せよ」と。

人間には自然を支配する権利があり、その人間は、神と同様に創られているため自然は、人間のためにあると言っているのです。

現に、ヨーロッパにおけるキリスト教の普及と森林減少率は比例していると言っている学者もいます。『グリム童話』の「ヘンゼルとグレーテル」では、森には子供をさらう魔法使いが出てきます。

先日、気候変動に関するテレビ番組で、森に対する各国の感情、考え方について討論されていました。フランスの青年は「今でも森は恐ろしいところと一般に思われている」と言っていました。日本とは大きな違いです。

しかし、近代になるにつれて人類は自分たちの自然への畏敬の念を忘れ、便利さ、快適さを求め、醜いほどに欲望のままに自然を征服してきています。その結果、二酸化炭素などの排出により、今、取返しのできない状態が進行しています。この二酸化炭素の排出がもたらす結果について、ようやく世界共通の認識ができつつありますが、その削減の実行には消極的で、実現はほど遠いと言わざるをえません。

氷河期が過ぎ、一万年ほど前に気温が大幅に上昇してくると、人類は人口を増やし文化の花を開いてきました。この期間は気候が良く、多くの地域で長期にわたって安定していたのです。この間も氷河が迫り、干ばつが何年も続く状態もあり、当該地域の人びとは移動するなどして生きながらえてきたのです。しかし、人口が増えるようになるとたやすく移動などというわけにはいきません。農業の発展が助けになり、人口は爆発的に増加しました。一万年の間に、五〇〇〇万人ほどだった人口が、現在では七九億人を超えるようになり、二〇五〇年には一〇〇億人を超えると言われています。統計では、一年間に八千万人増えており、現在もこの爆発的な人口増加が続いています。食糧問題、貧困、環境問題など、一層深刻になることでしょう。地球の食糧容量と人口の関係が、もう飽和状態になっているのです。

現在（二〇二二年）、ロシアによるウクライナへの侵攻により、ウクライナから食糧の輸出ができなくなったため、アフリカでは食糧危機が生じていると報道されています。黒海からの船による積み出しが、紛争のためにできないためです。もちろん争いなどは言語道断ですが、前記のように地球の食糧容量が限界にきている表れではないでしょうか。

国の統計によりますと、日本の食糧自給率はカロリーベースで三八%です。もし非常事態になったなら、大変なことになることはどなたにも分かります。

話をもとに戻しましょう。世界に数ある宗教の中でも、修験道こそが自然と関わる真の宗教であると、多くの宗教学者が言っています。現に仏教、キリスト教、イスラム教の中で、自然と上手に関わっているのは仏教しかないのです。キリスト教は前記のとおり、自然を〝支配する〟という考えが『旧約聖書』の「創世記」にあるくらいですから。キリスト教、イスラム教が生まれ発展してきた土地は乾燥地帯で、自然からの恩恵は少なかったのです。千年を超える昔、森が存在していたとしても、やはり自然を征服し自然を搾取して生きながらえてきたのだろうと思うのです。このような状況においては、自然との共生などという発想は生まれなかったことが理解できます。

ヨーロッパの山についてみてみましょう。現在ではアルプスはじめヨーロッパの山岳地域は、世界中からの登山客でにぎわっていますが、地元ヨーロッパの人びとが、これらの山に登り始めたのは、つい三〇〇～二〇〇年前からのことです。それまではヨーロッパの人びとにとって、山はやはり魔力が支配する場所であって、人間が踏み込むところではなかったのです。

アルプス山脈には、その美しい山容で有名なマッターホルン（四四七八m）があります。筆者も家内と麓のツェルマットから登山電車で登り、同山の顔とも言える美しいその峰を間近に見ることのできる喫茶店から、コーヒーを飲みながらじっくり眺めた思い出がありますが、この山は初登頂されたのが一八六五年で、まだ一五〇年ほどしか経っていないのです。マッターホルンに初登頂したE・ウィンパーによれば、この山に登る前、麓のツェルマットの迷信深い住民たちは「マッターホルンの頂上には廃墟となった町があり、そこには亡霊たちが住みついているのだ」と口々に話していたそうです。ウィンパーがそれを聞いて笑うと「それなら自分でその城壁や要塞を見てきなさい。だが、むやみに近づくと魔物が岩を落としてくるから」と真剣に忠告したそうです。子供の頃に読んだ記憶では、実際にロープが切れて、その登山隊の何人かが遭難しているのです。

〝山に魔物がいる〟という発想は二十世紀になってもまだ残っていたと言われています。

一方、日本では全く状況が異なるのです。山は魔物などの住んでいるところではなく〝聖なる所〟であったのです。

日本における登山は、かなり昔から行われていました。筆者の地元の北アルプス・剣岳の山の頂からは、奈良時代の錫杖（しゃくじょう）が発見されています。したがって日本においては、古くから宗教的な目的をもった登山がなされていたことが分かります。

ヨーロッパのキリスト教文化は、マッターホルンの例のように、山には悪霊が住み、そこに行くと人間は危害に遭うという考えがあったのです。一方、日本の宗教文化では逆に、山に入ると死者の霊、生身の人間も浄化されて、より高い霊性が得られると考えられていたのです。ここに、かくも近代化された現代日本社会において、厳然たる事実として、修験道が生き残ってきたということが理解できます。そこには、修験道が自然と深く関わってきつつ、普遍性というべきものが存在していたことを再認識すべきでしょう。その普遍性は、基本的には仏教に日本列島の自然が関わっていることに起因しており、見事に自然と仏教の融合を招いたことになったのです。

梅原猛氏は「人類が最初に創ったのは森の宗教だ」と言っています。すなわち人類が最初に創ったのは「森の文明」で、そこから「森の宗教」が初めて生まれたというのです。それは多神教で、すでにその森には多くの神が住んでおり、これらの神を統一する神はいたが、他の神を排斥する神はいなかったのだ、と言っています。まさにそこに修験道が生まれたのです。

多神教であれば、自分たちの信じる神以外の神も認めることができます。そこには寛容の精神があるのです。キリスト教やイスラム教のような一神教の〝自分たちの神だけが正しい〟という正義の思いとは違います。したがって、修験道という宗教は、仏教が入ってくる以前から存在し、日本に土着していた宗教です。言い換えますと、修験道宗は、すべての宗教を取り込んだ宗教だということになります。

この考えに基づき、修験者である姫野公明師は、第十三章で記しますが、世界の平和を希求し、戸隠の公明院境内に〝キリストの十字〟、〝神の印〟とでもいうべき鳥居を高い塔の四面の壁面に配刻して表した、万国宝篋印塔を建立しています。

この塔は、全世界の英霊を供養するために神道、仏教、キリスト教といった宗教の違いを超越したもので、世界の標として祈りを捧げるため建立されています。第十章で記しますが、姫野公明師に沖縄施政権返還実現のお礼の挨拶にお忍びで訪れた佐藤栄作総理大臣も、世界平和を願って参拝されています。

二　修験道とは何か

「修験道とは何か」という問いに対して宗教学者の正木晃氏は、「修験道を学問的に定義すると〝日本古来の山岳信仰に、神道や外来の仏教、道教、陰陽道などが混淆成立した日本固有の民族宗教〟になる」と言っています。

「修験道」という言葉を、私たちは日頃耳にしません。時々テレビで「どこどこの修行者が〝千日回峰〟〝百日回峰〟あるいは〝四無行〟などの厳しい修行を行った」と報道されるときくらいです。

一般には、修験道を開いたのは誰なのかは知られていないのではないでしょうか。密教（真言宗や天台宗など）の開祖、空海や最澄のように、修験道には明らかに分かる開祖と言える人物はいません。しかし、修験道は遠い昔から長きにわたり、民衆仏教として存在し、庶民が主なる担い手であり、続けていた宗教です。言うなれば、この日本列島に人が住み始めた縄文時代から続いている自然信仰の起源まで遡ることになります。残念なことに、修験道に関係する文献は無いと言っていいぐらい、その数は極端に少ないのです。

修験道宗の道を求めている人を「修験者」と言いますが、生涯一二万体もの仏像を彫り残したことで知られ、かつ厳しい修行を実践した円空も江戸時代前期に活躍していますが、この方も修験僧なのです。円空は、修験道の寺を訪ねて多くの仏像を彫り、民衆を救っています。しかし明治の初め、廃仏毀釈により大きな打撃を受け、残っているのは現在数千体と言われています。修験者であった円空については、第三章で著してみました。

一般には、仏教は寺と僧侶のみが担い手であるという思い込みがあり、今でもそういう考えが私どもの心のどこかにあると思うのです。江戸時代の仏教は、半分ぐらいは修験道が担っていたという宗教家さえいます。修験道はまた「修験宗」と言ってもいいと思いますが、この宗派は民俗や慣習などを研究するいわゆる民俗学の領域として見られてきてもいました。

近代になって、修験道にとって壊滅的な事態が起こりました。すなわち明治五年（一八七二）、政府によって「修験道廃止令」が発布され、徹底的な弾圧が加えられたのです。明治政府の初期の宗教政策として、神仏分離や廃仏毀釈がありますが、修験道が公的に抹殺された事実は、世の中にあまり知られていません。そのキズは実に大きいのです。しかし修験道は、人びとの願いを聞き続けてきており、例えば加持祈祷、薬の処方など、人びとの暮らしの中に入っていたのです。修験道廃止令後にも国は薬事法の改定までも出し、修験道をさらに追いつめています。この状況を考えますと、修験道は宗教史から追い出されそうになったと言えます。

伊藤博文らを中心とする一行がヨーロッパに行って、〝ヨーロッパが発展してきたのは、キリスト教という一神教があるからだ〟と認識して帰ってきたことから、彼らは日本にもこれに代わるものを確立する必要があると考えていたと、歴史家のどなたも批評しています。近代化を急ぐ明治政府は確固たる宗教に対する哲学もなく、専ら呪術を駆使しているようにしか見えない修験道は、迷信の巣窟としか思えなかったのです。しかも修験道は、宗派宗教のように本山と末寺が結びついている関係もなく、また開祖もあやふやにしか見えないと考えていたのでしょう。したがって、抹殺するのは簡単と考えていたのです。宗教家の皆さんは、当時の政府の宗教政策に対し、いくら近代化を急ぐといっても、何ら政策に一貫性が見られないと批判しています。

一般に仏教というと、立派な宗教哲学や教義が存在し、これに立脚したものにより教え導くというのが普通です。例えば空海の「秘密曼荼羅十住心論（ひみつまんだらじゅうじゅうしんろん）」や親鸞の「教行信証（きょうぎょうしんしょう）」などがありますが、これらを見ましても、本当に理解できる人は一般にどれだけいるでしょう。特別勉強している人以外、無理というものでしょう。この難しい教義が一般庶民を救ってきており、今も救っていると考えることができるでしょうか。

そこへいくと修験道の道を求めている修験者の多くの人びとは、修験宗を信仰していたという事実があります。すなわち民衆が求めていたのは、高尚な宗教哲学というか学問的宗教などではなく、日々暮らしに直結した現世利益（げんせりやく）、臨終と死後の儀礼や供養であったのです。そこには、時として呪いや祟りといったものが含まれており、人びとの心に癒しを与えていたのです。

宗教学者の正木晃氏によれば、現在の宗派仏教の担い手たる僧侶や仏教学の研究者の皆さんの中には、これらの行為を「仏教にあらず」と言っている方も多いと指摘しています。「宗教人類学」という学問で知られている方だそうですが、駒沢大学名誉教授・佐々木宏幹（こうかん）氏は、このことを「生活仏教」と「教義仏教」と言っています。

また佐々木氏は、「近代化以降における日本の仏教研究が専ら高尚な宗教哲学の研究すなわち〝教義仏教〟に偏り過ぎた結果、ごく普通の人びとが求めてやまない領域、すなわち〝生活仏教〟をないがしろにする傾向が露わになっている。これこそ仏教の衰退を招いた主因である」と言っています。まったくそうかもしれません。現在も告別式などで参列者全員に教本などが配られ、全員で経を唱和しますが、どれだけの人が理解しているでしょうか。

修験道に勤しむ者を「修験者」と言っており、山中で修行しますので〝山に伏す者〟というところを表す「山伏」とも言われます。また「修験道」とは、「修行して〝験〟を獲得する道」という意味です。「験」とは「験力」と言っていいのですが、後記します姫野公明師が戸隠山中に籠もり、厳しい修行により感得されたのは「霊験力」です。実践の中にこそ真理があると思うのです。師はこの「霊験力」により、多くの方々を救い導いています。

修験者すなわち山伏は、「山伏装束」と称される独特の衣体を身につけ、時代劇などに登場しますと、大概は悪役として出てきます。これは前記のとおり、明治政府が修験道を排斥してきた歴史があるからです。最近では、そういう印象も払拭されつつあり、各霊山への修行に集まる人が多くなってきているようです。筆者も、修験道を盛んにする意味においてここに期待するものです。

今年（二〇二二年）、筆者は八十三歳の老体に鞭打って、孫の助けを借りながら吉野の金峯山寺から奥駈修行の道の一部（金峯山寺～山上ヶ岳途中）を歩き、多くの修験者の皆さんと出会い、ま結袈裟（修験道独自の法衣）そして結ったお話を伺うことができました。その姿はまさに山伏の姿で、鈴懸（修験道独自の法衣）そして結袈裟を身につけており、人によっては頭に頭巾をつけた方もいました。

このような皆さんとお会いでき、修験道に対する向き合い方をはじめ、私どもが一般に理解していたことと何か異なるものを直に感じられたのです。修験者の皆さんから、ご自分の求める人生の生き方に対する本物の真剣さが伝わってきて、かえってこちらが身の引き締まる思いがしたのです。

第二章　役行者と修験道の歴史

一　役行者という人

修験道は、日本の恵まれた自然の中から自然発生的に生まれた宗教で、およそ六〇〇年代後半に役小角（役行者）によって開かれたと言われています。「修験道」とは「験を修める」こと、「山伏」は「山に伏す」、すなわち「山を恐れ、厳しい修行をする」ことを意味していることは前述のとおりです。この宗教は役小角が開く以前から、日本の自然に対する信仰として存在していたのです。縄文時代から、いやそれ以前、人間が日本列島に住み始めた頃からかもしれません。

日本に仏教が伝わってきたのは、それから遥かに時間を経た五三八年のこと、百済から伝えられたと言われていますが、中国で起こった老子、荘子により確立されていた道教はそれ以前に渡来人により入ってきています。これは、自然の力を利用した不老長寿の薬を得て、自己の思うままの行動の実現を願ういわゆる「神仙思想」（人の命の永遠であることを神人や仙人に託した思想）を基本としています。

日本においては自然を基本においたこの道教が仏教と結びつき、修験道が形作られていったのです。さらに仏教の一派である密教（天台宗、真言宗など）で行われていた山中の修行と日本古来の山岳信仰とが結びついて、修験道という独自の信仰が成立したのです。

修験道の開祖「役小角」は平安時代の中頃から「役行者」と呼ばれるようになったと言われており、第三十四代舒明天皇六年（六三四）、現在の奈良県御所市茅原の吉祥寺付近で、加茂役君を父として生まれ、大和の葛城山をはじめ多くの霊峰に修験道場を創設しています。役小角は自然の中での山林修行を行い、験力を身に付けていったと伝えられています。

修験道は、このような背景のあった日本で六〇〇年代後半にひとつの形を成し、さらに外来の仏教などの影響も受けながら、平安時代に体系化されています。したがって、修験道は日本に古くからあったアニミズム（樹木や岩石その他まで、様々な自然に霊的存在を認める信仰）をもとに道教の無為自然の思想と大乗仏教思想とが融合して形成されていったと言われています。「無為自然」（おのずからのままに生きる）という道教思想は受け入れやすく、民衆のなかでは道教と仏教は明確に分けられることなく広められていったのです。

この無為自然についてちょっと触れておきます。「無為自然思想」とは老子の説く人間の生き方です。宇宙に貫徹している原理原則に沿った生き方をすることで、その原理原則を「道」と呼びました。老子は人間も宇宙の一部、大地自然の一部として世に生み出されたものであると考えています。すなわち、人間も自然の一部であると考えるのです。無為自然とは、〝何もしない〟のではなく、精一杯努力をしたあと、天地自然の宇宙の原理や変化をそのまま受け入れ、私たちのこの小さな命を無為自然の宇宙に委せて生きること。そして、この宇宙に命を頂いていることを、もっと大切に日々を楽しく精一杯過ごし、心と体ともに、自然な、ありのままの状態に戻してあげることにより、初めて人間は、明るく楽しくとらわれない無為自然な生き方の「道」に到達することができる。これが老子の哲学です。この無為自然について筆者も思うのですが、私共は普通生きている社会やその歴史を自然と対峙して捉えて理解していますが、しかし社会というものは歴史の中で成立し人間集団の人間関係の総体であると思うのです。ここでの歴史は単に過去を遡る歴史でなく時間軸に沿って時間を刻む実相（物事の実際のありさま）です。従って社会の実相も人間集団の行為、行動であり、それは自然の一部だと思うのです。

さて、役小角はこれと言った書物を残していませんが、『日本霊異記（にほんりょういき）』での伝承では、小角は吉野山中で修行していた時、過去救済の仏として釈迦如来を、現世救済の仏として千手観音を、未来救済の仏として弥勒菩薩を念じたとされています。この三体の仏の本体を念ずると、三体が融合した蔵王権現を感得したのです。このことから修験道では、蔵王権現を本尊として祀っています。したがってこの蔵王権現は、インドにも中国にもない、日本で生まれた仏なのです。

このように修験道は、仏教思想を取り入れながら自然信仰というものを基本に置き、新しい宗教を作りあげていったと言ってもいいと思うのです。

役小角は、三輪系に属する葛城流賀茂氏から出た氏族であることから「加茂役君」「賀茂役君」（かものえんのきみ）と呼ばれており、六三四年に生まれ、孔雀明王の呪法（インドに生まれた呪術。インドでは孔雀は蛇の毒を消去する能力があると言われてきた）を会得し、現在の奈良県と大阪府の境にある葛城山で修行したと伝えられています。

ちょっと横道に逸れますが、近鉄奈良駅の近くの正暦寺（しょうりゃくじ）では鎌倉時代の孔雀明王像をお祀りしています。孔雀は美しい姿をしながら毒虫やコブラなどの毒蛇を好んで食べるそうです。しかし、孔雀はその毒に侵されることはありません。孔雀明王は、人間にとって毒である「苦しみ」や「災厄」「煩悩」を取り除く功徳（くどく）があると伝えられているからです。

インドにある話ですが、コブラをはじめとするインドの毒蛇は、人間に害を与えるので、たいそう怖がられていました。今もそうですが、蛇使いのように笛を吹いて蛇を飼いならす方法もありますが、毒蛇をやっつけてくれる動物に祈る方法もありました。孔雀がそうです。孔雀は蛇に向かい合ったとき、わざと弱ったふりをして自分の体に巻き付かせ、蛇が襲いかかろうとする瞬間、一気に翼を広げ撃退するのだそうです。優雅な姿の孔雀が、恐ろしい毒蛇を退治してくれるイメージは、美女が野獣を懲らしめるような晴れやかな印象があります。こうした孔雀の力は、前記のようにやがて神様のように扱われ、鳥でなく仏の姿に結晶していきました。これが孔雀明王のいわれです。

役小角は、前記のとおり奈良県の吉野の奥に広がる大峰山中での修行中、蔵王権現（正式には金剛蔵王権現）を感得し、修験道の開祖となっているのです（金剛蔵王とは、「不滅の真理を体得し、あらゆるものを司る王」という意、権現とは「権（かり）の姿で現れた神仏」の意）。そして役小角は、人間の身体を自然の中に置き、厳しい修行により自然との一体を感得し、自然的人間として生まれ変わることが信仰だと説いたのです。

この時代に、すでに各地に自然を崇拝する宗教的なものが各地にあったのですが、役小角が自然と一体となった修験道として、一つの宗教的な道筋を作ったのです。

修験道の開祖とされているこの役小角については、朝廷の公式歴史書のひとつ『続日本紀』に文武天皇三年（六九九）の出来事として記録があります。

> 役君小角伊豆に流さる。初め小角葛城山に住みて、呪術を以て称めらる。外従五位下韓国連広足が師なりき、後にその能を害ひて、讒づるに(人の名声に悪口をはさむ)妖惑を以てせり。故、遠き処に配さる。世相伝へて云はく「小角能く鬼神を役使て、水を汲み薪を採らしむ。若し命を用いずば、則ち呪を以て縛る」といふ。
>
> 『新日本古典文学体系』（岩波書店）

現代語訳すると以下のようです。

役の行者小角を伊豆に配流した。はじめ小角は葛城山に住み呪術をよく使うので有名であった。外従五位下韓国連広足が師匠であった。のちに小角の能力が悪いことに使われ、人々を惑わすものであると悪口をいわれたので、遠流の罪に処せられた。世間のうわさでは「小角は鬼神を思うままに使役して、水を汲んだり薪を採らせたりし、若し命じたことに従わないと、呪術で縛って動けないようにした」と言われる。

『続日本紀（上）現代語訳』（宇治谷孟　講談社学術文庫）

役小角は正式に得度することなく修行をした、いわゆる優婆塞（うばそく）（私度僧）であり、生まれながらにして神慮に叶い、かつ博学であったのです。そして三宝（仏、法、僧）に帰依、すなわち仏教に帰依して、厳しい修行を実践しています。四〇歳を過ぎてもなお岩屋に座り、葛で作った服を着て、また松の実を食して、人間にまとわりついている汚れを取り除いていたのです。孔雀明王の呪法を修得し、優れた験力の持ち主でもあったのです。

行者の像を見ますと、必ずそばに鬼が両側にいます。いったいこの鬼は何者かということですが、伝承としてありますのは、役行者が三十九歳のとき、現在の大阪府と奈良県の境に聳える生駒山に登り、厳しい修行に励んでいると鬼の夫婦がやって来て、行者の前にひざまづき、こう言ったのです。

「私たちは天手力雄（あまのたぢからお）の子孫です。この山に住んでまだ人間の次元まで堕ちていませんので、神通力を持っています。役行者様は悟りを開いた菩薩であり、生きとし生けるものすべてを救済してくださいます。どうか私たちを弟子にしてください。このことは祖先の神が、〝こうしなさい〟と命令しています」

役行者は鬼の夫婦の願いを聞き入れ、「前鬼」と「後鬼」という名前を与え、自分の弟子にしたのです。名前を与えられたということは、役行者に絶対の忠誠を尽くすことを誓ったことになります。

像を見ますと、頭に角を生やし、またおそらく虎皮のパンツをはき、金棒を持って恐ろしい形相をしています。

行者の話の中に「橋の伝説」があります。行者を語るとき必ず出てくる話です。この伝説は、役行者の故郷の葛城山と金剛蔵王権現を感得した金峰山との間に巨大な橋を架けるよう、行者が諸々の鬼神を使ったという話です。今でも奥駈（おくがけ）修行ルートにおいて、蔵王堂を出発して吉野山の小さな街並みを通り抜け、ようやく上千本花矢倉あたりに来ると、金剛山と葛城山の姿が吉野山の彼方にはっきり見えます。この風景を見ると〝役行者でなくても両山に橋を架けたくなる〟と言っている人もいます。

役行者は、何故葛城山と金峰山との間に橋を架けようとしたのか、理由はどの本にも書かれていないように思います。筆者の勝手な想像ですが、生まれ故郷に近い葛城山と、自分が権現を感得された金峰山を繋げたいと思うのは当然のことのように思うのです。

この橋にまつわる事件が『日本霊異記』にあります。その事件の経緯というのはこうです。

役行者は橋を架けるために諸々の鬼神を使役した。ところが、一向に仕事が捗（はかど）らない。「これはおかしい。何か原因があるな」と不審に思った役行者が、鬼神たちを問いただすと、こういう答えが返ってきた。

「葛城山を支配する一言主神（ひとことぬしのかみ）が、自分の顔が醜いため明るい日中に見られるのを嫌がって、昼間は働かない。それで仕事が捗らない」

事情を知った役行者は怒り、一言主神を呪縛して深い谷に監禁したのです。このため一言主神は逆恨みして、〝役小角は天皇家の世を転覆させようとしている〟と讒言（人を陥れようとする告げ口）した。

天皇は家来たちに「役小角を捕えよ」と命じたが役小角の験力が強く、捕えることはできなかった。仕方なく役小角の母親を捕えると役小角は出頭し、捕えられ、伊豆に流された。

役小角は海の上を走り、鳳凰のように空を飛ぶことができたと言われており、流された先の伊豆では昼間は行をして、夜になると富士山に行って修行をしていたという。その後、讒言は部下の妬みからであることが分かり、三年後、誤解が解け、天皇の許しが出た。そして役小角は仙人になって、吉野の天井ヶ岳で天に昇った。

役行者についての資料がなく、修験道を研究している歴史家の皆さんは閉口しています。確かに国の歴史書というものなどはほとんど残っていません。しかし、これだけ崇められてきた長い歴史があるわけなので、伝承という形で記述のある文書を調べてみました。

〈平安時代〉

・『日本霊異記』

・『今昔物語』

・『扶桑略記（ふそうりゃくき）』

〈鎌倉時代〉

・『元亨釈書（げんこうしゃくしょ）』

・『諸山縁起（しょざんえんぎ）』

・『金峯山秘密伝』

〈室町時代〉

・『修験修要秘決（しゅげんしゅうようひけつ）』

・『役行者本記』

・『三国伝記』

〈江戸時代〉

・『本朝高僧伝』

・『役君形生記（えんくんぎょうせいき）』

・『役公徴業録（えんこうちょうごうろく）』

・『役行者顛末秘蔵記（えんのぎょうじゃてんまつひぞうき）』

・『役行者霊験記』

・『役行者大峰桜』

・『役行者講式』

このように数多く残された文書こそが、長い歴史の中でいかに崇められてきたかを示す証拠でもありましょう。

二　修験道の歴史

奈良時代中期から末期にかけては、仏教僧のなかに山林修行を行う者が多く出てきました。そして、平安初頭に密教が日本に伝えられると、修験道は主に密教の僧侶による主導のもと、仏教のなかでも特に密教の体系的思想と修行法を導入した「仏教の一派」と言いうるものになっていきました。密教が隆盛を極めた次の平安時代は、貴族や他の人びともこの験力（げんりき）による加持祈祷などに期待したため、その力を求める人も次第に多くなり、一層験力を求めることが盛んになっていったのです。そして飯縄山から、より厳しい戸隠山を求めた戸隠の修験者と同様に、各地でより厳しい山を求めての修行が行われたのです。

吉野は六〇〇年代後期には霊山として知られ、役小角（えんのおづぬ）もここで修行

大峯奥駈道（おおみねおくがけみち）

したと言われています。

平安時代の中頃には、上皇や藤原道長などの貴族たちの吉野の金峯山参詣が行われています。また平安後期には白河上皇をはじめ歴代の上皇も相次いで熊野参詣をしています。源頼朝が幕府を開いた鎌倉時代には、吉野と熊野は修験者の修行拠点となっていったのです。

時代が進んで後醍醐天皇と足利尊氏らが鎌倉幕府を倒した後の南北朝時代には、足利尊氏は京都に天皇（北朝）を立て、後醍醐天皇（南朝）は吉野に逃れていますが、修験者たちは南朝を支持し、支えたようです。筆者が、吉野の金峯山寺（きんぷせんじ）から大天井ヶ岳までの一部を山伏の皆さんと歩いた時、如意輪寺境内に後醍醐天皇の御陵があり、今も多くの方が訪れていました。

そして室町時代に入ると、熊野の修験関係者は熊野三山の検校（けんぎょう）（熊野三山の総括責任者）という重職を与えられた天台宗寺門派の園城寺（おんじょうじ）末の聖護院により掌握されるようになったのです。やがてこれが本山派といわれる教派を形成しています。なお、熊野での大峰修行を行うなど平安時代末期、修行僧として名を馳せていた増誉（ぞうよ）は、白河上皇の熊野詣での先達（案内）を務め、この功により初代の熊野三山剣校に任じられています。

また羽黒山、日光山、富士山、白山、立山、石鎚山、英彦山（ひこさん）など、地方でも修験は活発に活動がなされました。特に福岡県と大分県の境にある英彦山は役行者（えんのぎょうじゃ）も修行しており、五代目の寿元和尚が熊野権現を勧請（かんじょう）（神仏の霊を分けて別の所に移して祭ること）しており、熊野とも密接な関係を持ち、修験の山として大きな勢力を保持していたのです。

このように各地で自然崇拝として崇められた山は、霊山として独自の組織が形成されていき、特に吉野と熊野は修験者の修行の拠点となっていったのです。

宗教学者の正木晃氏によれば、飛鳥の法隆寺（六〇七年建立）は、南都（奈良）修験の拠点寺院であり、近年の研究では、生涯に一二万体の仏像を彫ったことで有名な円空が法隆寺を訪れたという記録があり、後述します（第三章）が、円空もまた修験者だったようです。また奈良の興福寺や薬師寺も南都修験の拠点とされ、今でも薬師寺では同寺だけに伝わる水式護摩という独特な方式で護摩を焚いています。

おなじみの春を告げる東大寺の「お水取り」が終わると、薬師寺では「花会式（はなえしき）」と呼ばれている行事があります。一〇人の練行衆（籠もりの僧）が、屋外の不動前で修験道の作法により周りを圧倒する勢いのある護摩を焚き、国家安泰、五穀豊穣、万民豊楽を祈るのです。そして練行僧による火渡り式が行われます。花会式は奈良時代から続けられており、もともと修二会（しゅにえ）ともいわれ、十種の造花が本尊に供えられることから「花会式」と呼ばれるようになり、「奈良に春を告げる行事」として親しまれています。

古来、南都の各寺院の修験道は吉野大峯の山々をはじめとした諸山霊場で抖藪（とうそう）練行修行していた歴史があり、薬師寺では近代に至って「薬師寺修験咒師（しゅげんしゅし）本部」を組織し、南都修験道の伝統を復興し継承しています。

江戸時代に入ると、幕府は宗教管理の体制を整えようとしました。各地の寺を本山―末寺の組織体制の中に組み入れ、寺の自留地を取り上げたり、寺請制度や寺檀制度を設けて、すべての人を寺の檀家にし、寺に戸籍管理をさせるようにしています。さらに江戸幕府は、慶長十八年（一六一三）に修験道法度を定め、真言宗系の当山派と天台宗系の本山派のどちらかに分けて競合させています。本山派は天台宗寺門派の園城寺末聖護院を、当山派は真言宗本山醍醐寺塔頭の三宝院をそれぞれ本山として、いずれも仏教教団の傘下で活動したのです。

江戸後期になると、村の庄屋層などが儒教を学ぶようになりますが、それは自分たちの生きる世界において必要というより、武士と交渉するときに武士の論理を知っているほうが有利と考えたためです。儒教は武士の基本的な思想だったからです。

こうして全国の寺は、どこかの宗門に属するようになったのですが、修験道はこの体制から排除されています。「寺請制度」とは「檀家制度」とも言いますが、「必ずどこかの寺の檀家にならなければいけない」という制度で、近代では人口の移動もあって崩れつつあるように見えますが、現在まで続いております。この制度は寺の戸籍管理とともに、キリスト教信者の排斥を目的としていたのです。

また、江戸時代は宗教管理の一層の徹底という観点から遊行が禁止されたのです。遊行とは旅をしながら修行を続けることで、遊行僧としては、時宗（総本山は遊行寺）の開祖である鎌倉時代の一遍が知られています。中世の修験者は、多くは遊行を行っていたようです。修験者の年間に歩くコースを定め、山での修行をしながら、行った先の村などの人びとの願いに応え、雨乞いをしたり、また加持祈祷などをして、病気を治していたのです。この遊行が禁止されてからというものは、修験者たちは各地に定住するようになっていきました。そういう修験者の影響もあって村人たちの自発的な集まりとして広がったものが、一つの講の形を成していったのです。すなわち江戸時代になると、修験道は民衆自身の修験道として広がりを見せるようになり、人びとは信仰する山に自分たちが暮らす地域に寺を作り、不動明王などを祀ってお参りするようになったのです。

したがって江戸時代の修験道は、村々をはじめとするその地域の支持により、霊山を守り加持祈祷などを行うことで地域に貢献しつつ、一層人民の心の中に浸透していったのです。

しかし明治時代に入ると、国家は修験道の解体に着手するのです。明治元年（一八六八）には神仏判然令、神仏分離令が出され、神仏習合の信仰であった修験道は大きな打撃を受けます。さらに、明治五年（一八七二）には修験道廃止令が出され、他の宗教と同様に破壊されていったのです。これによって本山派、当山派、羽黒山派は余儀なく解派させられ、修験者の天台宗、真言宗の僧侶への所属変更処置がとられたのです。

白鳳時代（六四五年の大化の改新から平城京に都を移した七一〇年の間）に、役行者が金峯山の山頂にある山上ヶ岳で一千日参籠修行し、金剛蔵王大権現を感得されたという修験道総本山金峯山寺も廃寺に追い込まれたのです。

この時「失職」した修験者は、持っていた漢方薬の知識を活かして漢方薬屋になっていく者が多かったのですが、政府はさらに追い打ちをかけるように薬事法も改定し、その活動を取り締まっていったのです。修験道由来の知識を活かした漢方薬には、吉野の「陀羅尼助」、木曽の「百草丸」があります。筆者はお腹の調子が悪いとき、今も百草丸を常用としてありがたく服用しています。

ところで、何故政府はこれほどに修験道廃止を打ち出したのでしょうか。『宗教辞典』『神道の思想』などを著している梅田義彦氏は修験宗の禁止を「〝雑宗の廃止措置〟の一環として理解すべきだ」という見解を提示しています。新政府はまず神仏分離を断行し、宗教団体の廃止措置も執ったのです。宗教家の皆さんは、これらがあるいは混淆（入り混じっている）宗教の形態のものであるとか、あるいはその信仰内容が低俗で民間の良俗に害があると考え、これらを払拭して宗教界の明朗化を図ろうとしたものであると解釈し、理解を示しているように思います。

しかし、『修験道辞典』「明治五年修験道宗廃止令をめぐる一考察」（林淳氏）では「社家（先祖代々神職の家柄）との争いがしばしば起こっていたことを始め、無檀（檀がないこと）であるため呪術や祈祷を専らとし、その多くが神仏習合に基づくものであったことが、復古神道家を中心とする宗教政策担当者に危険視された為と推測する」とあり、「明治元年から七年までの政府の宗教政策に一貫した立場があったとは考えられない」と林氏は指摘しています。筆者もまったくおっしゃるとおりだと思うのです。時の政府の宗教政策の基本的考え方や方針には、一貫性が見えないように思えます。あるいは政府並びに役人たちは、国の興隆をのみ考え、修験道等はどうでもよかったのかもしれません。したがって修験道宗廃止が神仏分離に引き続く政策であり、低俗で害のある宗教は政府の廃止対象になっていったのです。

修験道の廃止に伴い失職したプロの修験者の数は「一七万人」と書物にあります。今日の僧侶や神官などの総数はおよそ二四万人と言われていますので、当時の日本人の人口から考えるといかに多数の修験者が村や町で活動していたかが想像できます。

役行者は修験道の開祖として尊崇されていますが、他の宗教開祖のように一行の文献も残しておらず〝自分のやっている修験道というのは学問として学ぶものではなく、山での修行によるものであり、頭で考えるものではなく身体で修行し学ぶものである〟と言っていたのでしょう。

歴史として残されているのは、前記した文武（もんむ）天皇三年（六九九）に役小角が伊豆に流された事件が記された『続日本紀（しょくにほんぎ）』のみと言われています。

修験道が自然信仰を重要視し発展してきたのは、道教の影響も受けてきたからという一面があったのです。すなわち道教の無為自然思想（人の手を借りずにあるがままに任せること）、神仙思想（人の命の永遠であることを神人や仙人に託して希求すること）と通じるところがあったのでしょう。

この道教も、開祖と呼ばれる人物が特におらず、老子と荘子の教えをもとに自然発生的に広まったものと言われています。いわゆる老子と荘子の教えをまとめたものから発展した宗教で、時代とともに幾多の変遷を経て西暦一〇〇〇年代の宗の時代に現在に近いものが確立され、道教における神への信仰が基本となる宗教になっていったのです（『道教の世界』窪徳忠）。

古代の日本には仏教、道教だけでなく儒教も入ってきています。儒教は孔子の思想を基礎とした教えで、紀元前六世紀の頃、中国に起こり、東アジア各国で二〇〇〇年以上にわたり強い影響力を与えています。そして、日本に儒教が伝わったのは継体天皇が治めていた五一三年頃で、『五経』として伝わってきています。

『五経』とは、中国の漢代に官学とされた儒学における経書のことで、「詩」「書」「礼」「易」「春秋」をいい、儒教においては、孔子以前に編まれた書物を原典として、孔子の手を経て現在の形になったと言われています。

さて、ここで修験道者、すなわち山伏の出で立ちについて少し触れましょう。前記のとおり〝山に伏し修行する〟が故に山伏といい、山の中で仏道修行する人です。山伏の出で立ちは宗派によって違いがあるようです。山伏は「鈴懸け」といわれる法衣を着ます。山伏の着ている鈴懸けや肩にかけている結袈裟を見ると「何宗の行者か僧侶か」「在家か得度しているか」「修行の度合い」まで分かるようになっています。厳密に規制されていた衣躰だけに、袈裟の着用は本山から「袈裟許」をもらってからでないとできないようです。

聖護院の山伏になるということは、〝聖護院から先達の辞令を頂く〟ということになります。姫野公明師は大先達ですが、この先達の階位は七段階に分かれ、経験と技量、年数を考慮して上がることになっているようです。修験道の世界は年齢、性別、老若男女を問わず、誰でも門をたたくことができます。

修験道は、戦後になると再び表舞台に登場するようになり、今日では修験道に関心をもち、山の修行に参加する人たちも多くなってきています。修験道において修行される皆さんは、身近な問題や自分の問題だけでなく、現代の人間社会の行きづまり、つまり貧困や環境問題等々、世の行く先が暗く、怯えのような何かを感じ始めている祈りであり、心の安らぎを求める思いの表れでしょうか。

また宗教学者・正木氏は、「道元が開いた曹洞宗の大本山永平寺には修験者たちがさかんに出入りしており、また日蓮宗の修法や修行のなかにも江戸時代の修験道の影響が見られる」と言っています。さらに「臨済宗にも修験道との関係がある寺院が存在する」と言っています。ということは、修験道はこれらの諸宗教のもとに当たる宗教なのです。実践的宗教で、すごい宗教なのです。

三　蔵王権現と金峯山寺

（一）蔵王権現

蔵王権現は、役行者が大峯の山上ヶ岳（現在の奈良県吉野郡天川村（てんかわむら））で一千日の修行をされたとき、行者の深い祈りに呼応して蔵王権現が現れ、感得されたのです。

「感得」とは、文字どおり〝感じてとる〟ことであり、悟り、知ることです。信心が神仏に通じて願いが叶うことを言います。すなわち、役行者は修行による深い祈りの霊的な次元から蔵王権現を感得されたのでしょう。祈りの力と霊力によって、蔵王権現を出現させたとも言えましょう。蔵王権現は恐ろしい姿をしていますが、悪世に生きて心が苦しむ人びとに対して厳しく指導し、魔を粉砕し、衆生を救済するために憤怒(ふんぬ)の形相をしています。

「権現」とは「仮の姿で現れる」ことを意味しており、そのとき、その場所、その人びとの状態に応じて現れるのです。「権」とは「一時的」「仮に」という意味になります。「現」は文字どおり「現れる」です。すなわち衆生を救うために、過去、現在、未来のために出現され、私たちの心に起こる「過去への後悔」「現在の執着」「未来への不安や恐れ」を鎮めるのです。

蔵王権現は、慈悲に満ちた釈迦如来、観音菩薩、弥勒(みろく)菩薩、この三体の仏が一体となって変化身として出現されたのです。金峯山寺(きんぷせんじ)蔵王堂には中央に釈迦如来、右に観音菩薩、左に弥勒菩薩があり、それぞれ過去、現在、未来を表しています。すなわち蔵王権現は、「過去」「現在」「未来」の三世にわたって衆生を救うことを表しているのです。

〈釈迦如来（過去世）〉

釈迦如来は三尊の主尊であり、仏法全体の主導でもあるのです。この釈迦如来が過去世の仏ということは、過去が最も大切だということです。因があって果が生じ、先祖があって私たちがあるように、過去世があって、現在世に生きている。過去世の行業(ぎょうごう)が現在世を形成し、ひいては未来世までにも影響を及ぼすことにもなっていくというのです。

〈観音菩薩（現在世）〉

「観音」とは文字どおり「音を観る」ということになりますが、今私たちの衆生の音（思い、願い、心）を観て、求めに応じることを表し、救っています。したがって現在を表しています。

〈弥勒菩薩（未来世）〉

弥勒菩薩は釈迦如来（過去世）の滅した後、この世に出現して一切衆生を済度（迷い苦しんでいる人を救い、悟りの境地に導く）する誓願をもった仏で、未来を表しています。

蔵王権現が出現されたとき、役行者に
「私はインドの霊鷲山で釈迦如来として真理の法を説いた。八十歳で滅した（涅槃に入った）と思われているが、そうではない。私は滅することなく現世と来世にわたって、今でも休むことなく衆生を救うため法を説いている。そして人々を救うために、海に囲まれた日本列島の金峯山で金剛蔵王権現として現れたのだ」と言っています。（『新蔵王権現入門』総本山金峯山寺）

二千五百年前にインドで生まれたゴータマ・シッダールタ（釈迦如来＝お釈迦さま）は王子として育ちましたが、すべてを捨てて二十九歳で出家し三十五歳のとき、菩提樹の下で悟りを開かれています。悟りを開いた釈迦族の聖者ですから、「釈尊」と呼ばれているのです。したがって、蔵王権現の本地は釈迦如来なのです。この釈迦如来が衆生を救済するために日本において蔵王権現として現れたのです。すなわち久遠仏としての釈迦如来と蔵王権現は同体と認識されているのです（『新蔵王権現入門』総本山金峯山寺）。

蔵王権現は、正式には「金剛蔵王権現」といいます。「金剛」とは密教で言うところの「金剛界」

を、「蔵」は胎蔵界を表します。「王」とは金剛界と胎蔵界とを統一していることです。金剛界と胎蔵界とを統一しているのは、密教においては大日如来ですから、蔵王権現も大日如来ということになります。それ故、蔵王権現は「金剛胎蔵王如来」と言われるのです。したがって蔵王権現は「顕教」であり、密教の「法王」また「法主」ということになります（『新蔵王権現入門』総本山金峯山寺）。

言うならば蔵王権現を尊崇している修験宗は、日本のすべての宗教を取り込んだ宗教であるということになります。

（二）金峯山寺

金峯山寺は、役行者が開山されたお寺です。役行者は蔵王権現の感得により、その姿を桜の木に彫刻して、金峰山の山上と山下に蔵王堂を造って祀られたのです。かつては山上と山下の蔵王堂を本堂とする金峰山一帯を金峯山寺と称していましたが、明治維新の神仏分離以来、山上の蔵王堂は「大峰山寺」、山下の蔵王堂は「金峯山寺蔵王堂」と呼ばれています。

金峯山寺の本堂、蔵王堂には、御本尊で秘仏である権現が安置されています。その大きさは、中央の像は高さ七・二八m、右の像は六・一五m、左の像は五・九mです。創建以来、落雷や兵火により幾度か焼失しており、現在の蔵王堂は天正二十年（一五九二）頃、再建されたものです。この三尊仏は、蔵王堂の再建とともに宗印仏師によってつくられています。この仏師は、豊臣氏滅亡のきっかけとなった梵鐘の鐘銘で有名な京都・方広寺の大仏も手掛けており、当時の巨像制作の第一人者であったのです。

金峯山寺の蔵王権現は秘仏なので、通常は御開帳されておりません。厨子には戸帳が掛けられており、直に拝することはできません。ただし金峯山寺での得度受戒式では御開帳され、受戒者は参拝を許されるそうです。そのほかにも特別開帳される時もあるそうですが、その時期は不定期とのことです。

二〇二二年四月二十一日、筆者が金峯山寺にお参りに行った時のこと。偶然にもこの御開帳に当たり、蔵王堂に安置されている蔵王権現を直接拝見でき、その巨大さと凄まじさに驚くとともに感動しました。山伏の方々が多く、堂の中は満員の状態で参列した式でした。ある年輩の山伏の方とお話ができ、「良い御縁でしたね」と言われ、なんとも言えない嬉しさと、偶然巡り合った不思議ともいう縁の有り難さがこみ上げてきました。

四年に一度開かれる密教儀式「伝法灌頂会」の時には、本宗門の修行者にのみ御開帳されるとのことでした。

四　大峰奥駈道と吉野桜

（一）　大峰奥駈道

修験道において重要なことは「実習実験」です。すなわち修行を実践することで「験（しるし）」を体得することなのです。この実践のために山伏は、深山幽谷（しんざんゆうこく）の山に分け入る、いわゆる「入峰修行」を行います。大峰山では、役行者が蔵王権現を感得された山上ヶ岳へ登拝（とうはい）修行する「山上参り」と呼ばれる修行と、吉野から熊野までの大峰山脈を修行する「大峰奥駈修行」があります。

筆者も二〇二二年、八十三歳の身ではありましたが、孫を伴い、大天井ヶ岳から五番関、山上ヶ岳への登拝を計画しましたが、身体がついていかずに途中でリタイヤした次第です。この山に入って〝神仏に抱かれながら〟跋渉（ばっしょう）して修行する山伏の皆さんの思いを感じながら歩きました。本格的な服装をした多くの山伏の方々に出会い、会話を交わすことができました。そして「三業（さんごう）」という「身（しん）」「口（く）」「意（い）」の穢（けが）れを払い、清浄な心身となって山を無心に歩き続けている姿に感動しました。

この入峰修行に毎年来ているという方とお話しすることができました。

「初めは周囲の景色に気をとられましたが、今は無心に歩くことができます」

と伺い、これこそ「歩く禅」の境地と思いました。同じ山道を精神統一して歩く、そこには己の人生におけるいろいろなものが見えるのでしょう。

入峰修行においては、修行者の皆さんは声を合わせて「懺悔（ざんげ）懺悔、六根清浄（ろっこんしょうじょう）」と唱えながら歩いていました。身をもって懺悔し、自己を見つめ、心身を清浄にすることが大切なことだからでしょう。「六根」とは「眼」「耳」「鼻」「舌」「身」「意」のもつ感覚を言います。この「懺悔」は宗教心の基本です。すなわち「過去に犯した罪過を悔い、神仏の前で告白して詫びること」です。そこから新たな生き方についての思いが生じるのです。

「奥駈修行」は入峰修行の一つで、修験道最大の修行と言われています。大峰山は、吉野川の柳の渡しから熊野の音無川まで連なる山脈の総称を言いますが、峰中には七五箇所の「靡（なびき）」という礼拝所があり、修験者はここで祈りを捧げます。そして一七〇㎞の大峰山脈の稜線を駆けるのです。まさに、今ここに生きているこの瞬間に、生きている自分のありようを実感するのです。第一番目の吉野川「柳の渡し」から第七五番目の「熊野音無川」で結願となりますが、峰中には山上ヶ岳、大普賢岳等々、一〇〇〇ｍから一九〇〇ｍ級の神々（こうごう）しい雰囲気の山岳に包まれながら修行するのです。

二〇〇四年には、吉野の山一帯を含む「紀伊山地の霊場と参詣道」が「ユネスコ世界文化遺産」として登録されました。それは修験道の伝統を守り、山の霊気を全身に浴びて、大自然の中で心を育む場所であるからです。

（二）吉野桜

桜の名所は日本各地にありますが、その一番は金峯山（きんぷせん）を中心とする吉野山の桜でしょう。西行（さいぎょう）が吉野の桜を詠んで以来、日本最高の桜の名所となりました。したがって千年の歴史があります。吉野山には「下（しも）の千本」「中（なか）の千本」「上（かみ）の千本」そして「奥の千本」と呼ばれる、四か所に分かれた「山桜」の群生地があります。山の裾から山上へと順次開花が進むので、〝下の千本あたりは満開でも、奥の千本はまだ蕾〟という情景が見られます。

西行をはじめ日本の歌人、詩人が詠んでいる桜はこの山桜です。私たちが公園で見る桜は「染井吉野（ソメイヨシノ）」です。これは江戸時代の末期に品種改良して作り出されたものです。ソメイヨシノはまず花だけが咲いて、花が散ったあとで葉が出てきて、それを葉桜と呼んでいますが、山桜はまず葉が出て、それから花が咲きます。

日本を代表する花は桜ですが、昔はそうではなかったようです。『万葉集』では四千五百首のうち、桜を詠んだ歌はたったの四〇首だそうです。万葉人は「花」と言えば「萩」であり、「梅」であったのです。ところが『古今和歌集』の時代になると桜を詠んだ歌はぐんと増え、花といえば「桜」になったようです。

　願わくば　花のしたにて春死なむ　その如月の望月の頃

（願いが叶うなら時は春、満開に咲いている桜の花の下で死にたい、釈迦がこの世を逝った二月の満月の頃に）

と西行は詠んでいます。西行は七十三歳で円寂するまで、この吉野に小さな庵を結び、三年間暮らしています。この歌の桜は吉野の桜でしょう。

西行を偲んで吉野山を訪れた人は多く、松尾芭蕉や本居宣長もそうです。芭蕉の吉野行きは、貞享元年（一六八四）、同五年の二回あり、いずれの場合も、奥院の草庵の跡や苔清水を訪ねています（『野ざらし紀行』「笈の小文」）。

一方、宣長は十一歳、四十三歳、七十歳の三回、吉野を訪ねています。有名なのは紀行文「菅笠日記」を書いた四十三歳のときです。宣長には、西行を偲んで桜を愛でることのほかに、子守明神（水分神社）に参詣するという特別の目的があったのです。それは、なかなか子供にめぐまれなかった父親が、吉野の子守明神に祈願してやっと生まれたのが宣長だったからです。

桜の和歌と言えば、『古今和歌集』のあまりにも有名な二首を挙げておきます。

世の中に　絶えて桜のなかりせば　春の心はのどけからまし　在原　業平
（もし世の中に桜の花がないならば、春を過ごす人の心はどんなに、のどかなことでしょう＝桜があるから散ることが気になり、落ち着かないと反語的に桜の魅力を詠んでいます）

花の色は　うつりにけりないたづらに　わが身世にふるながめせしまに　小野　小町
（桜の花の色があせてしまったように私の容姿も衰えてしまった。あれこれ悩んでいる間に）

『新古今和歌集』に吉野桜を詠んだ歌がありました。

桜花　咲きにし日より吉野山　空もひとつにかおる　白雪　　藤原　定家

定家がこの歌を詠んだ年の春に西行が亡くなっています。〝桜の歌を詠むなら、西行が愛した吉野の桜を〟という思いが感じられます。

千三百年前、役行者が金峯山上で蔵王権現を感得されたその姿を桜の木に刻んで蔵王権現を祀ったのは現在の蔵王堂であり、桜の木は御神木となったのです。吉野山の桜は、観光名所とすべく植えられたものではないのです。すべて蔵王権現に献木された木で、桜は御神木です。枯れ木、枯れ枝と言えども、薪として使うことは禁じられておりました。

「桜一本首一つ、枝一本指一つ」

と言われるほどに厳しい伐採制限が歴史的にあって現在に至ります。

また一方、吉野山の千本桜は「金峯山浄土に寄り集まった死者の霊を鎮めてくれる」という信仰があるようです。御神木である桜を吉野の山に寄進するというのは「浄土におわす故人を供養する」また「亡くなった人の蘇り(よみがえり)を花に託す」という意味があったのです。修験道は死と再生が主題でもありますから、桜こそが修験道を象徴していると言えるでしょう。

筆者は二〇二二年、吉野を四日間、新型コロナウイルス感染症蔓延の状況もあり、満開の時期をずらして訪れましたが、満開の時期の見事さを想像しながら、再び訪れたいと思っているところです。

第三章　修験の世界

一　回峰修行の起こり

比叡山の高僧に相応和尚という方がおられました。「比叡山千日回峰」の創始者と言われており、この千日回峰は天台宗の聖地、中国五台山の風習から創始した宗教界最難の荒行です。相応和尚は常に「学問の裏には行が、行の裏には学問の裏打ちが必要」と説き、「車の両輪の如く両者共に学ばねば本当のものが自分のものとならぬ」と言って僧業に励んでいました。まさに真髄（学問の宗教だけではだめということ）を言っています。ですから同時代、すなわち平安時代前期の律令役人、政治家、文人、学者として名高い菅原道真とは、互いに学び、支え合う良き友だったという記録があります。

この相応和尚（八三一～九一六）という人は、慈覚大師円仁に師事し、回峰行の基礎を築き、無動寺谷の開祖です。無動寺谷明王堂、伊崎寺の本尊などは、相応和尚自作の不動明王であるとされています。

また慈覚大師円仁という人は、十五歳で比叡山に登り、伝教大師最澄に仕えており、八三八年、入唐し求法しています。八三九年に登州・赤山院に至り、翌八四〇年には念願の五台山を巡礼しています。九年二か月に及ぶ入唐中、多くの密教法門を修行し、この旅行記は『入唐求法巡礼行記』として残されています。帰国後は八五四年から八六四年、座主を務められています。

回峰行は、歴史的には相応和尚が毎日、根本中堂にお詣りされたことから始められたと言われており、その後、相實和尚という人が今の形につくられたと言われています。相応和尚という人は、もともと他の方の弟子でしたが、慈覚大師に認められたことから慈覚大師の弟子とも言われているのです。

回峰修行の起こりと言われているのは、相応が根本中堂に供華に行かれたことから始まります。すなわち、仏様にお花を捧げに行ったことにあります。相応は、無動寺から一年中、毎日休まず根本中堂へ花を捧げ続けたのです。慈覚大師は常々、相応のこの姿を見ていて、〝道心堅固である〟と感心したのです。

さて、清和天皇の染殿皇后が病床に伏されたとき、彼女のことだけを専門に祈祷する「護寺僧」になってくれるよう慈覚大師に依頼がありました。しかし早速に受諾することは叶わなかったため、〝檀越（一般には「布施する人」のこと。檀那）となるので、ぜひ専属のお坊さんを紹介してほしい〟と願ったところ、大師は相応和尚を最初に紹介しています。このとき、相応和尚は〝自分と同じようにして得度させてほしい〟ということで一生懸命お詣りしていた方が他にいたので、護持僧の話はその僧に譲っています。したがって、最初の勧めを断っています。謙譲の美徳というのでしょうか、その後、再び護持僧の話が持ち上がったときに、相応和尚は得度しています。

相応和尚の供華が始まり、やがて「三塔巡拝」になっていきます。三塔巡拝というのは、比叡山延暦寺の三塔（西塔、東塔、横川）を巡拝することです。

明治になってから、政府の神仏分離政策により神社と寺とが別のものに分けられていますが、それまでは神仏習合で互いに補完していたのです。日吉大社の神々もすべて山上の仏とつながりをもっており、比叡山の氏神でもあります。この日吉大社についてちょっと記しておきます。

琵琶湖側から比叡山への登り口、滋賀県大津市坂本に日吉大社があります。この日吉大社はおよそ二一〇〇年前、崇神（すじん）天皇七年に創祀され、全国三千八百余の日吉、日枝、山王神社の総本宮です。平安京遷都の際には、この地が都の表鬼門（北東）に当たることから都の魔除、災難除を祈る社として存在しておりました。

伝教大師が延暦七年（七八八）に比叡山に延暦寺を開かれてからは、天台宗の護法神として崇敬されています。その後、延暦寺との間では、神仏習合により、当社の神は唐の天台山国清寺で祀られていた山王元弼真君と一体と考えられるようになっています。

延暦寺の強大な勢力を嫌った織田信長が元亀二年（一五七一）に「比叡山焼き討ち」を敢行したとき、日吉神社も灰燼（かいじん）に帰しています。現存の社殿としては、桃山時代のものが多くあります。豊臣秀吉は、幼名を「日吉丸」といったことから、当社の再建に尽力したといわれています。現在、当社には三千本のもみじがあり、紅葉の名所として知られています。

二　修験道場での修行（塩沼亮潤氏の満行から）

（一）百日、千日回峰

大峰の千日回峰ルートは、吉野蔵王堂（三六四m）から山上ヶ岳（一七一九m）の大峰山寺までの全行程四八kmで、この吉野の山道は距離が長い上に高低差、気温差もある厳しいルートです。

塩沼亮潤氏は一九六八年、仙台に生まれた人で、吉野の金峯山寺（きんぷせんじ）で出家、得度されています。塩沼氏は一九九一年に大峰百日回峰満行、一九九九年には同千日回峰満行されています。さらに四無業満行（二〇〇〇年）、八千枚大護摩供（二〇〇一年）を満行された、凄い方です。

筆者は現在（二〇二二年）、八十三歳になりますが、前記のとおり老体に鞭を打ち、この大峰千日ルートの一部（蔵王堂～大天井ヶ岳）を歩いてみました。この高低差は、身にこたえました。

満行されたことについて塩沼氏は、曹洞宗管長をされた板橋興宗（いたばしこうしゅう）氏と対談されています（『大峰千日回峰行』春秋社）。この中から、塩沼氏が大峰でいかに厳しい修行をされたかについて抜粋して紹介させていただきます。

朝、午前〇時に起床、そして滝行（五月三日、水温三～四℃）五〇〇段の階段を登り蔵王堂で着替え、山伏の姿に、小さいおにぎり二個食べる。午前〇時三〇分出発、提灯一つ、四km登ると金峯神社、ここから獣の道を熊よけの鈴鳴らし、危険な道が多い、斜面をまだ暗いうちに登る、マムシチョロチョロ、百丁茶屋で夜明けを迎える、ここで朝食、ここから大天井ヶ岳に入っていく。山頂近くの胸突き八丁や「西の覗き」辺りは鎖場（注：八十三歳の筆者は、塩沼さんを思い出しながら頑張ったが、ここまで行く前でリタイヤしました）、山頂で昼飯、また来た道を下る。午後三時三〇分、蔵王堂に着く。

このように全行程四八㎞を夜中〇時三〇分から午後三時三〇分まで一五時間かけて大峰山中を歩かれるのです。一日の睡眠時間は四時間、栄養のバランスが崩れたことから栄養失調状態になったと言っておられます。一か月くらいで爪がぼろぼろ、三か月後は血尿。

「もし、万が一途中で止めるようなことがあると腰に巻いてあるもので首をつるか、もしくは腰にさしてある短刀で自分の腹を刺すかです」

とも言っておられます。

奥駈道には、行中に命を落とした方々の名前を刻んだ墓があるそうです。また京都市中にある大寺院にも、行中に倒れた僧侶たちを祀る墓がいくつもありますが、かつての修行がいかに過酷なものだったか、よく分かります。比叡山の千日回峰では、「自害された方もいた」という記録もあるようです。

千日回峰の歴史では比叡山のほうが古いのですが、このお二人の座談の中で話題になっていることからは少し横道に逸れますが、筆者の思いも含め、少し記してみます。

サケは何故生まれた川へ産卵のために帰ってくるのか？　それは嗅覚だということが分かっていますので、その嗅覚の器官を潰してしまうと、もう川を遡上することはできないそうです。また、卵から孵ったウミガメの子が、砂浜を一斉に海に向かって行く様子をテレビでよく見ますが、彼らは海に着くまでの間に地球の磁気を感じるのだそうです。体内に方位磁針のようなものを持っているからだと考えられています。ここで親切心から、人間がウミガメを持ち上げて運んでしまうと、もう海の方向が分からなくなるそうです。

生き物は、大自然の響きと共鳴する「生命力」のようなものをもともと持っているのでしょう。しかし、その自然がどんどん破壊されてきました。地球の温暖化により様々な問題が起こっていることは、周知のとおりです。

人間は文明を発達させて、その文明に翻弄されています。文明の進歩が、〝はたして人間にとっての幸せに通じるかどうか〟という問題があります。文明の進歩をコントロールできるのも人間しかいません。残念ながら、文明らしきものが生まれてから、それを深く考えたり、止めさせようとした時期はないのです。現在（二〇二二年）、ロシアによるウクライナの軍事侵攻のニュースがしきりに報道されています。戦争によるウクライナからアフリカへの食糧供給の停止、また環境問題まで発生しています。この戦争開始から七か月間の二酸化炭素の発生量は、ニュージーランド一国の一年分の量に当たるとの報道もあります。世界中の人びとが、早期の戦争終結を望みながら、その映像を見ています。筆者もテレビの前で釘付けになります。

本書執筆中に〝ウクライナへのこの侵攻は、ロシアの歴史に汚点を残す〟として、現代ロシアを代表する作家ミハイル・シーモン氏が手記を発表されました。それは「この頃、ロシア人であるということに苦痛を覚える」という文章から始まるのですが、ここでその一部を記しておきます（「日本経済新聞」二〇二二年七月四日付）。

今や世界にとってロシア語といえばウクライナの街を爆撃し、子供を殺害する者の言語、戦争犯罪人の言語、殺人者の言語と同等に見なされてしまう。この侵攻の目的は、ロシア人やロシアの文化、ロシア語をウクライナのファシスト達から救うためだという、だが実際にはこの戦争はウクライナのみならず、ロシア人やロシアの文化、私の母国語に対する犯罪だ。（中略）このプロパガンダはウクライナ人とロシア人の間に憎しみの種をまいた。私の父はロシア人、母はウクライナ人だ。

（注：プロパガンダとは、特定の主義、思想について政治的宣伝、すなわち意図をもって特定の主義や思想に誘導する宣伝、戦略のこと。語源はラテン語で「繁殖力」「種をまく」「挿し木」「接ぎ木」の意。）

「残酷な言い方だ」と断りながら、彼は「親が既に亡くなっていることを嬉しく思う」とまで言っています。

これらは人間の欲から出てきているのです。文明社会の欲と進歩には際限がありません。人類はそれに従って生きていくことが本当に幸せかどうかという問題に気づき、個人個人の認識が芽生えることに期待したいと思うのです。

話を戻しましょう。塩沼氏は九九〇日目の夜、眠れなくなり、色紙に何十枚も「九百九十日人生生涯小僧の心」と書かれたそうです。吉野山に十九歳で入山したその時、その時の熱い気持ちと何ら変わらない気がして嬉しく思い、〝今、自分は生かされている〟という実感が湧き、本当に嬉しく思ったと言っています。

対談の最後に、板橋さんが質問しています。

「修験の荒行ということについて、行力（ぎょうりき）とか験力（げんりき）とかまた霊力（れいりょく）とか申しますが、尋常ならざる力を獲得するということはいかがですか？」

塩沼氏は

「その方については九年間あまり力を入れてこなかったから、できません。往々にしてそういう話はよく聞きますが、行の終わり頃、右足に〝素直〟左足に〝謙虚〟というわらじを履かせ歩いておりました。〝素直、謙虚〟〝素直、謙虚〟とただそれだけです。心はひたすら一歩一歩、素直謙虚と、あとは何も考えずに歩き続けました」

と。

（二）四無行

「四無行の業」とは九日間の非常に厳しい修行です。この九日間は、「眠らない」「食べない」「横にならない」「水も飲まない」と、文字どおり〝四つの行為がない〟修行をします。しかも、千日回峰を満行された翌年にすることになっているそうです。何故にそんなに厳しいのか不思議に思うかもしれませんが、千日回峰をすると心臓に非常に負担がかかります。それに耐えるだけの心臓ができたから、四無行に挑戦することが可能だということからのようです。塩沼氏も、この行は非常に危険が伴うと著しています。吉野では、塩沼氏は三人目だそうですが、比叡山のほうでは、古くから「明王堂参籠」と言って同様な修行が行われています。

四無行に入行する前に、「浄斎の儀」という生葬式の儀式があります。生きながらの葬式です。管長はじめ一山の住職、親戚が出席の式です。管長が「行者亮潤、本日皆様の前で相まみえることは、もしかすると今日が最後になるかもしれません。しかし、仏様が生かしてくださって、また世の中のためになるなら出てくることができましょう」と挨拶。そして九日間の行に入るのです。

しかし、ただ座っているだけでなく、一日一回、午前二時に仏様にお供えするお水を汲みに閼伽井戸まで参ります。それをお供えして、日に三度お勤めするのです。その間、十万遍のお不動さんの真言、吉野の本尊である蔵王権現の真言を十万遍唱えなければならない。それは吉野の蔵王堂の中で行われるのです。したがって、行中は結界を強いられて立ち入り禁止です。

「午前一二時を過ぎてから日の出まで身体がすごく辛かったです」

夜が明けると同時にスカッとするのを覚えているそうです。

「お堂の中は光が当たらないようにしてあるのですが、人間は夜、寝るものなんだな、と思いました」

と心境を語っています。

十万遍の数え方は、数珠を使って「百八で一周」と数えると言っています。死臭は三日目ぐらいからしたそうです(付添えの人の言)。「線香の燃えた灰が落ちる音が聞こえ、かつまたそれがスローモーションでした」と。

塩沼氏は

「追い込まれれば追い込まれるほど、人間というのは攻めの姿勢でいかなければいけないということを、行を通して学んだ」

という感想を述べています。そして

「どうも人間というのは、精神的、肉体的に追い込まれると、どんどん自分が悪いことを考えてゆく。それで泥沼に入ってゆく。しかし現実を受け止め、〝なるようにしかならん、どっちでもなるようになるんだ〟と、〝すべてもうお任せする〟という気持ちが大切だと思います」

そして

「お釈迦様が〝どんな人間でも仏になる種子がある、その花を開かせるのは自分なんだ〟と言っている。その教えを大事に、自分自身を見つめ直すことだと思う」と言っています。

（三）八千枚大護摩供

護摩とは、もともと古代インドのサンスクリットの「ホーマ」という言葉を音写したもので、「焼く」という意味があります。供物を清浄な火に投じて焼くことで、天に捧げる儀式でした。

古代インドのバラモン教のこのホーマ儀式は、紀元前一五〇〇年以前から行われてきました。いろいろな供物を火に投げ入れて燃やし、その功徳によって天上界に再生を願うために行われていたのです。これが密教に取り入れられ、仏教の高度な教えと修験の行法とが結びついたのです。

修験道では仏教を通して、火によって供物を燃やすように、煩悩を燃やすという象徴的な意味を込めて、この護摩を取り入れ、また現世利益といって、人びとの願いを叶えるためにも護摩を焚いています。

修験道の護摩には六種類あると言われています。

・息災（そくさい）：自然と人為を問わず、いろいろな災いを鎮圧するための護摩
・増益（そうやく）：五穀豊穣を願い、物質的な利益を増大させるための護摩
・調伏（ちょうふく）：敵対する者を呪殺、もしくは病乱させるための護摩
・敬愛（けいあい）：相手の感情を思いのままにするための護摩

・鉤召（こちょう）：自分が好きな対象を自分のほうへ引き付けるための護摩
・延命：寿命を延ばすための護摩

四無業の後、五年後、初めの百日間、五穀（米、麦（大、小）、小豆、大豆、胡麻）と塩を断って、最後の二四時間で八千枚の護摩を焚く修行があります。食事は野菜とそば粉中心の食べ物、「塩を断つと熱さを感じないというのは本当でした」と言います。「護摩供のときも全く熱さは感じなかったです」と塩沼さんは言っています。

塩沼氏は護摩焚の後に、生き方について感じたことをこうも述べています。

「八千枚一昼夜で焚く、無限大を表すのが八千枚、護摩焚を通して皆さんと会っていろいろな悩みとかお話をさせていただいております」

「行者としてあるいはお坊さんとして、大切なことは、皆さんと共に喜び悲しむ心をもつことが、一番だと気がつきました」

「心をこめて本尊様に〝皆様が良くなりますように、お願い事が叶いますように〟とお祈りさせていただいております」

「人間は〝だめ〟と思ったらそこで終わりです。そうでなく〝自分ならできる〟と自信を持つことです。〝自信〟は〝過信〟とは違います。自分の努力に対しての自信です。だから絶対にあきらめないこと。粘り強く、根気よく、ぼちぼちです。あとは常に心を明るく持つこと、心を明るく持つことによって、マイナスでもプラスに変えることができると思うのです」

三　円空の修行

江戸時代の初期、遊行僧（ゆぎょうそう）である円空は、各地の霊山を巡りながら生涯で一二万体の仏像を彫ったと伝えられています。

円空の祖先は藤原氏から出た加藤氏であると言われており、寛永九年（一六三二）に美濃竹ヵ鼻（今の岐阜県羽島市）の農家で生まれ、二十三歳のとき高田寺（愛知県春日井郡師勝町）に身を寄せ、ここで七、八年間、天台の僧、覚道印から真言密教の金胎部という秘法を受け、さらに熊野でも苦行錬行したと言われています。

この土地は関ケ原の戦場になったところであり、長良川と木曽川の中間にあって毎年、洪水に悩んだ貧村だったのです。円空は「少年時代から村人たちの生活苦が身に染み込んでおり、僧門にでも入ることが家族のための口過ぎ（生計）が容易になるのではないかと考えていた」と分析している円空研究者がいます。円空は初め、禅僧から手ほどきを受け、後に天台の修行を続けるにつけて、普通の修行とは違った深い思いがあったのです。それは故郷の人びとの生活苦だけでなく、広く当時の人びとの生活苦を自分の目でしっかり見てきたからなのです。

円空は現行の修行にとらわれず、このような人びとの生活苦の中に入っていき、そしてその人たちと生活をともにしながら、その人たちのどん底の生活に安心と希望と豊楽を与えることに自分の修行とを重ね、自分の命をかけた悲願があったのだと思うのです。したがって、円空のこうした生き方の生涯を見ると、二つの面があるように筆者には思われるのです。

一つは、今もそうですが、当時の山で修行すること、もう一つは各地を回峰しながら造仏により人民の苦しみから救うことに命を捧げることです。

円空は、「行基や泰澄を尊敬していた」と書物にありますが、泰澄の開山した白山でも苦修錬行したのでしょう。一方、行基は「慶雲元年（七〇四）まで山林に棲息す」（『行基菩薩伝』）とあり、二十四歳から三十七歳までの一三年間、山林修行していたというのです（『行基』吉田靖雄）。

円空は驚いたことに、三十九歳の頃、北海道に渡っています。洞爺湖まで行き、アイヌ人を導くため尽力しています。円空は、ただ山での錬行ということだけでなく、里においては人びとの生活に入り込んで人びとの心の悩みを覗き、病を治し、希望と安心、そして豊楽を与えたのです。

円空の彫った仏像そのものというより、一二万体を彫ったと言われるその背景、そして円空の心の深奥を見ないと、円空の本当の素晴らしさを見逃してしまうことになるでしょう。

密教では、造像は修行の一つでもあると言われています。彫られる一体ごとに、自分の修行を重ねた円空の姿が見えるような気がします。したがって円空は、信仰を自分の刻む仏像に表現したというだけでなく、刻んだ仏像を通して人びとともに生活したのだと思うのです。円空の仏像には、人びとの生活に直接つながりのある仏像が多いとの評価です。そういう仏像は、人びとの生活に希望と豊楽を与えるような表現があるのでしょう。

円空作品の見方には、芸術的に〝上手〟とか〝下手〟とか、また〝どんな手法で〟とか、いろいろあると思うのですが、しかし、そんな点だけから見たのでは、浅はかというものでしょう。円空の生きた時代背景と円空の信仰思想を考えて見ないと、本当の円空は理解できないと思うのです。円空は彫刻のほかに歌、絵も書いています。

老ぬれは残れる春の花なるか　世に荘厳き遊ふ文章
〔歳をとってはきたけれど、まだ春の花が残っている。円空も老いても春の花を咲かせたい。
そしてそれは文章（歌）だ〕

梅原猛氏は、この歌は荘厳、すなわち立派で威厳があり、また遊びも同じにとらえているとし、かつ心の拠りどころとしていた泰澄、行基の伝統を取り込み、その思想を彫刻、絵、和歌を一体として表現していると評しています。

円空は今では芸術家として扱われていますが、一方では木地師だったという説があるといいます。この木地師説はどうして出たのでしょう。民俗学者の五来重氏（一九〇八～一九九三）によれば「円空は無知で、しかも詐欺師のようなところがあり、人間として軽い。〝作品だけは良い〟」ということで円空の木地師説を説いています。

しかし梅原猛氏は、「この円空という人間を思想家として理解しなければ、本当のことは分からない。良い芸術と言うものには思想がある。宮沢賢治、夏目漱石でも思想の力があるからこそ良いものが生まれている」と、一冊の本まで書いて、この説を痛烈に批判、猛反論しているのです。

第四章　生、死、信仰

一　生きること

(一) みんな歳をとる

いきなり「生と死」について入っていくのもきつく感じる方もおられるでしょう。その前に、日常感じていることから著してみます。

すべての人間、生き物にとって、「死」というものと「時間」は平等です。

筆者も若い頃、間もなく定年の人に会うと、〝随分この方も歳をとったなぁ〟と感じ入ったものです。現在でも、この歳になってしばらく会わなかった人に出会うと、白髪が増え、人によっては足がご不自由となっているのを見ると、〝この方も歳をとったなぁ〟と思うときがあります。

ところが自分のことになると、少し身が重くなったような気はするものの、〝歳をとった〟とは、それほど感じないのです。しかし他人から見ると、やはり同じように歳をとっているのです。当たり前ですが、みな歳をとるのです。

筆者が信州の山の中から東京に出た頃、東急電鉄を利用して会社に通っていた時期がありました。その時の東急の社長は、やはり長野県出身の五島慶太氏の息子の五島昇氏だったと記憶していますが、この方が、病床に臥している父親が〝自分を二〇代の人間にしてくれたなら、俺の全財産をくれてやりたい〟と言っているという話を聞いたことがあります。若いときはあまり感じませんが、時間というのは、それくらい愛おしく、また厳しく、貴重なものです。

誰もが歳をとる「時間」というものは、あっという間に過ぎていきます。この時間には、「客観的な時間」と「主観的な時間」があります。客観的時間というものは物理的に同じ長さですが、主観的な時間は、本人が自分で経験してみないと分からない。長く感ずる人もあれば、短く感ずる人もある。またその感じ方も年齢によって違うように、筆者は思います。

一般的に言われていますが、若い時は時間の経つのが長く感じられるのに対し、歳をとるにつれて短く感ずるようになります。例えば、一〇代の一〇年間と四〇代の一〇年間とは、とても同じ時間だとは思えないです。筆者にとっては、八〇代になってからの時間は、新幹線なんてものではないです。ちょうど車のアクセルを踏むように、歳とともに歳月はスピードを上げて過ぎ去っていきます。もちろん歳をとるのは自分だけでない、周囲を見渡せばみな歳をとり、社会全体が歳をとっていくと認識すべきかもしれませんが。

テレビでは、生きることの秘訣のような、そして健康に関わる番組が、どの局でも多く取り入れられているようです。番組には医者が出てきたり、運動の専門の人が出てきて教えたりしていきます。また、健康食の番組等はどのチャンネルでも常に見られます。

歳をとると食について気配りが必要なように思います。若い時は三食しっかりとる必要がありますが、加齢とともに三食は必ずしも必要ではなくなると、医者や専門家が言っています。

現在（二〇二二年）、沖縄本土復帰五〇周年を記念して放映されている、沖縄を舞台とした朝ドラ「ちむどんどん」に出演している俳優の片岡鶴太郎氏は、〝一日一食でいい〟と宣言して、実行していると言っていました。筆者の家では、添加物のない材料を使うなど、妻はいつも食事に気を配ってくれています。

当然ながら長寿を目指すには、食のほかに身体を動かすことの必要があるわけです。筆者も若い時はテニス、ゴルフもやりました。しかし高齢になると、そうもいきません。周りに迷惑がかかるからです。現在は、朝四〇分の早歩きウォーキングを実践中です。また、月一回の有志によるウォーキングも楽しんでいます。夏の朝などは、帰ってきてから朝シャンです。身が引き締まります。どうも筆者の経験からしますと、頭も冴えるような気がしますが、ウォーキングをやっておられる方、いかがでしょうか？　きっと認知症予防にも良いと、勝手に考えているところです。

学校の生物の時間で教わったところですが、歩行は有酸素運動ですから、脳内に流れる血流量が増えるのでしょう。また肝臓の「グリコーゲン」から供給されて筋肉で使われる「グルコース」が脳の中でもエネルギー源として働き、脳が活発に働けるようになるのだと言われています（『脳と心の仕組み』小野瀬健人）。

認知症といいますと、誰もが年々、物忘れが進んできます。認知症（物忘れ）の進行は遅くしたいものと考えるのが当たり前です。

筆者「俺のメガネ知らないか？」
　妻「自分で掛けているではないですか」
筆者「……」
　似たりよったりなことがよくあります。
　パンダネットというチャンネルで、筆者は毎日、世界の人と囲碁の対戦をして楽しんでいます。囲碁は認知症予防に良いと思うのです。筆者は若い時、〝定年になってからやることがないとボケる〟と先輩に言われたことから、東京四谷の河合プロに一〇年間、毎月一回、囲碁を教わりました。三〇年以上前ですが、教授料は一回・七〇〇〇円でした。家のローン、子供にもお金がかかる頃でしたので、ゴルフの回数を減らしました。囲碁だけは一生楽しめると考え頑張って通い、日本棋院認定の三段の立派な免許を頂きました。今も楽しんでいます。ですから、ゴルフはハンディ一〇〇を切れませんでした。河合プロのもとには、小渕元総理大臣の主治医であった順天堂大学の久岡医師も通っておられ、一緒に練習したのは懐かしい思い出です。

（二）日常を楽しみながら生きる

「人生は一度限りの旅である」ととらえている人が多いと思うのです。その一度限りの「旅」をどう旅をしたらいいのか、個人によって大きく異なりますが、うまく旅をしたいものです。

　人生の旅にも、必ず終着駅があります。それはやはり避けられない「死」です。それまでの間に楽しまなければと思うのは当たり前です。しかしその間、人間の性、すなわち「生老病死」という大きな関門を通っていかなければなりません。

生まれて旅に出たからには、どんどん旅の時間が過ぎていきます。筆者も八〇歳を超えてからは、人生の終着駅に近づいているように思う日々です。確かに家族も含めてですが、病という関門をくぐってきました。今在ることを、神仏に感謝しながら毎日を送っています。

振り返ってみますと、夜の仕事に長らく従事したり、夜の一二時頃から会議をやったり、忙しく仕事をやってきました。よく身体も壊さず難関を乗り越えてきたものだと、懐かしく、また心ひそかに自分を褒めています。若いときはそれでいいと思っていますが、今の若い人たちは人生の旅をそれなりに楽しむことも、仕事と同等に考えているように思われます。それはそれでいいと思います。世の中がそうですので。〝こうでなくてはならない〟〝こう生きなければならない〟と決まっているわけでないのですから。

この歳になって、昔の自分の考えというか癖みたいなものが出てくるのです。

物事をやるとき、「これもしなければならない」「〇〇もしなければ」、そして明日は「これこれを」、その次の日は「これこれを」というように考え、その気持ちが言葉に表れているのでしょう、妻から言われます。

「別な言い方があるのでは？」

確かによく考えると、「今日はこれこれをしたい」「明日はこれこれとこれをしたい」のが正しいかもしれません。英語の〝must〟から〝want〟に変えなければということになりましょう。確かにmustばかりで人生を過ごしていたら苦しい人生、場合によっては壁にぶつかることだってありましょう。それこそ一度しかない旅が、もったいないということになりかねません。

もちろん大きな自分の目標に向かって、ひたすら努力することは大切なことです。特に若い人にとって、人生の生き方において重要なことです。

筆者の若い頃、前回の東京オリンピックが行われたとき、日本の女子バレーボールで金メダルを取ったチームの監督は大松博文氏で、氏の著書は『なせば成る』でした。その頃筆者は、年齢が極端に離れていた兄から、若造を捕まえて言うが如く「なせば成るだよ」とハッパをかけられたものです。この言葉はご存じのとおり、上杉鷹山の言葉「為せば成る、為さねばならぬ何事も、為らぬは人の為さぬなりけり」という有名な言葉によります。

本項で読者の皆さんに申し上げたいことは、〝鈍行の電車に乗って、車窓から外の景色を眺め楽しむ旅をする、すなわち日常の取るに足らないことをも、楽しみながら人生の「旅」をすること、これも大切なように思うのです。

そうかといって、次の電車や飛行機にきちっと乗れるよう計画的に、また急がなければならない人生の「旅」もありましょう。そこに人生の醍醐味と面白さが転がっていると思うのです。

どうも、とかく歳をとると世の中に影響しないようなことは、なんとなく軽視し、どうでもいいというか、極端な言い方ですが、くだらないことのようにとらえがちになるようです。それは、痴呆の始まりだと、何かの本で読んだことがあります。心したいものです。

二　生と死

我われの知っている世界は「生」と「死」という境界で区切られています。内側だけの世界を見て存在の認識をしているのです。自分という存在を、時間軸と空間軸に沿って遡っていくと、地球規模の存在、ひいては宇宙がどう成り立っているのか、そしてその宇宙がどう出来たのかなど、途方もない次元にまで考えが広がっていきます。

一方、自分自身について考えをめぐらしていくと、今、「生」を享受し生きていますが、いずれ死ぬという存在について真実として向き会わなければならないことにぶつかります。この「生」の反対側である「死」というものは一体何か、そこに何があるのかないのか、還ってきてきちんと説明し、証明した人は誰もいないのです。したがって一般的な認識としては、人間にとってこの生と反対側の世界は永遠の謎のままであるということになります。

近代の科学主義の立場からは、死の向こうは何もない「無」の世界、したがって何もないであろうということになりましょう。もし心底そう思っているのであるならば、その人自身としては、それはそれで解決ということになりましょう。しかし、本当にそうなのかと、一方では、思っているだろうと思うのです。

我われが、いま生きて認識している世界は「生」と「死」という境界で区切られています。そして生を享受しながら、内側だけの世界を見ています。言うなれば我々が得ているすべての知識は、その内側で得られたもののみということになります。その内側で得られた知識、考え、組み立てられた論理が、外側の世界に適用されるかどうかは、それは分からないことです。すなわち境界内しか経験したことのない人間が外のことに拡張して適用し考えると、大きな誤りが生じると誰もが思うでしょう。

空海の『秘蔵宝鑰（ほうやく）』に

・三界の狂人は狂せることを知らず
・四生の亡者は盲せることを職らず

という一節があります。「狂っている人間は狂っていることを知らない」「すべて何も見えない生物は自分が目が見えないことを知らない」ということです。突き詰めて考えますと、哲学の分野で使われている「不可知論」の立場になるかもしれません。不可知論とは、「経験的事実だけが認識できるもので、物の本質や実在の究極的根拠は認識できないと言う考え方」（『広辞苑』）です。

人でも他の生物でも、自分が知っている世界だけが世界のすべてだと思ってしまう。自分に見える世界だけが世界のすべてだと思ってしまう。知らないものを「ない」と言い、見えないものを「ない」と言ってしまう。正しくは「ない」ではなくて、「私は知らない」また「私には見えない」と言うべきでしょう。

しかし、人間は知らないことを知らないままにしておくことには耐えられない動物です。知らないことは何とかして知ろうとする。しかし、どんなに努力しても分からないものがあります。このような場合、やはり前記した不可知論に立つのが賢明かもしれません。すなわち、「分からないことは分からないとすることだ」という気がします。

現象学に「エポケー（判断中止）」という言葉があるそうですが、「事実について判断を差し控え、事実をあるがままに受け入れること」のようです。ギリシャ語での意味は「とどまる」という意味だそうです。

若いときは、ほとんどの人が特別な場合を除いて自分の死をあまり現実的に考えなくてすむ環境におかれています。しかし、歳をとるにつれて、誰でも自分の死を考えずにはいられなくなってきます。何かの拍子に自分の肉体が明白に衰え始めていることに気がついたとき、この延長線上に死が待ち受けているのかという考え、予感が湧いてくるのです。

今、筆者も八十三歳になりましたが、この予感とともに「死とは何なのか」「人は死ぬとどうなるのか」「死後の世界は本当にあるのか」、また「死とは単なる存在の消滅で無なのか」などと次々と考えが頭にめぐります。若い人でも大きな病気、けがなどで九死に一生を得た人もそうだと思うのです。最近、若い人の自殺者が多くなっているそうですが、もちろん、このような人たちも死を真剣に考えてのことだろうと思うのです。

死については、どんな人でも観念的に思うことと、最期には現実的に直面することとがあるわけですが、「死とはいったい何だろう？」という思いと同時に、「死の瞬間というのは、どのように自分はなるのだろうか？」と考えます。また「本当に死後の世界はあるのだろうか？」ということが同時に頭をよぎります。現実に死に際したときは、誰もが不安と緊張で一杯だと思うのです。このことだけは、いろいろな本を読んでも仏教徒の話を聞いても、哲学者の話や本を読んでも、確実なものは無いと思います。いろいろと死を迎える心構えのような本が多く出されていますが、これも本当かどうか分からないのです。死んで生き返った人が書いているわけではないのですから。

人はみな、いつかは自分の死を一人で受け入れなければなりません。人の手助けがあったとしても、それは死への過程のことであり、〝死そのもの〟ではないですから。他のどんな体験でも人に伝えることができます。しかし、死だけはそうはいきません。ですから、死は孤独であり、それぞれ個人が乗り越えなければならない真実です。書店に行くと〝孤独もいいこと〟だとか、〝孤独の勧め〟、さらには〝孤独死もそれほど心配ない〟ような本が出ていて、ベストセラーになっているようですが、本当にそうでしょうか。書いている人自身は自分で体験して書いているわけでないのですから。

死という問題のとらえ方は年齢によって異なってくるように思います。若いときから真剣に考えている人もいますが、筆者は歳をとるに従って死というものを考えることが、一層強くなってきたように思います。本書執筆の動機も、その一つかもしれません。

若い頃、親しく個人的にもお世話になり、また確率統計論を学んだ早稲田大学の小林先生——当時九〇歳近くであったでしょうか――に、晴れた春の気持ちの良い公園のベンチで、死についてのお話を伺ったことがありますが、先生は「死そのものに対しては、歳をとるに従って恐怖感は薄くなった。ただ、死そのものをどう乗り越えられるかということが気になる」と心境を語っていました。筆者もそろそろ、当時の先生の年齢近くになり、自問しているところです。正直に言うならば、筆者も姫野公明師という人を知ってからのような気がするのですが、境界の向こうに何かあるかもしれないと思うと同時に、半分期待し「覚悟するしかないな」と思うこの頃です。今のところ健康であるからこの際、次の世界が本当にあるのかということを、死そのものを思うと同時に、深く考えなければならないと思うのです。別の表現にすると、深く考えられる最後の年齢の時機ということになりましょう。

小林先生の言っている「死を迎える時間」というか、「死の瞬間」というものの思いについて、立花隆氏の著書『臨死体験』や他の本などにも書かれていますが、「死というものはそれほど苦しいものでないらしい」といいます。筆者は、それに期待したいと思っているところです。当然のことながら死へのプロセスの段階においては痛い、苦しい時間があると思うのですが、その時はモルヒネなど、苦しみを緩和する医療が昔より発達していると聞きますので、それにもあやかりたいと勝手に思うのです。また自分勝手に思うのですが、人間をはじめ生きものの死への生理的機能が「死」を乗り越えるのにうまく出来ているのではないかという気がします。現に立花隆氏の著書には、多くの臨死体験者の調査結果が記されていますが、異口同音に「死ぬのは恐ろしくなくなった」

と言っていることから、本当かもしれないという気がするのです。

〝次の世界があるか、ないか〟ということを考えるに当たっては、その人間にとって、どういう意味を持つかということが、非常に重要であると思うのです。その人にとって、人生観が変わったり、死の恐怖が薄れたりすれば、それだけで意味があったということになると思うのです。

また、姫野公明師という人が死の壁を超えた向こうの世界から意思表示の信号をこちらに送り、かつ導いている超常現象とでもいう事実を筆者は経験していますが、これをどう説明したらいいのか分からないのです。

「心が変われば行動が変わる」という名言を残している『宗教的経験の諸相』を著したアメリカの心理学者であり哲学者のウイリアム・ジェームス（一八四二～一九一〇）は、次のように言っています。

「それを信じた人には信じるに足る材料を与えてくれるけれども、それを疑う人まで信じさせるに足る証拠は出ない、超常現象の解明というのは本質的にそういう限界を持っている」

したがって、最終的には説明不可能なものがどうしても残るということ、あらゆる宗教的見地というものもそうかもしれません。

近代の世界観というのは科学によって考え、与えられています。科学が認めないものは存在しないものだということが、一般人の心の中にあります。しかし実感するに、科学だけでは理解できない世界が依然としてあります。実感的には、また表面的と言ってもいいかもしれませんが、みな自分は近代人として科学的世界観を持って生きねばならないという固定観念みたいなものがあるように思うのです。

この科学的世界観からみても、実際はすべてのものが分からないものだらけだと思うのです。立花隆氏は著書『生、死、神秘体験』の中でアメリカの宇宙科学者に「宇宙の果てはどうなっているのか」「ビッグバンの前はどうなっているのか」など、人間の誰もが思うことをどんどん質問したところ「いや、科学にできることというのは結局、あるレベルの無知を一つ上のレベルに置き換えることだけで、分からないという点から言えば、科学の最前線の周りは全部分からないことだらけなんだ」と言っていたと著していますが、このことは素人ながら理解できます。

すべての人が内心において、この矛盾を感じ、持っているのではないでしょうか。

人間は社会的動物だから、歳をとると「いつお迎えがきてもいいや」という心境にもなるかもしれません。周りの人が亡くなる、有名人の誰々が亡くなる、しかも自分より若い、等々の情報に接すると、自分の知っている社会が次第に狭くなってくることが、一層強くなるように筆者は感じます。

暗いことばかり著していますが、歳を重ねることには良いこともあると思うのです。例えば、人間社会においてより多くのものが見えるようになり、かつまた先が読めるようになることです。また心理的な面において、一層人間の生きる優しさ、愛おしさ、そして〝自分は何かによって生かされている〟という思いを感じられ、今の生に対する感覚が、若いときとは全く違う感覚を覚えます。

一方、人間は「社会的領域での死」と言いますか、医療の現場における「生命体である人間の死」というものを考えておく必要があると思うのです。その一つに脳死の問題があります。

病院では医者が「ご臨終です、〇〇時〇〇分です」と言って家族に遺体として引き渡されます。この医師の死亡宣言は、心肺拍動停止、呼吸停止及び脳機能の停止をもって判定しているようです。死亡宣言のあとに蘇生することがあるため、死亡後二四時間以内の埋葬、火葬が法律で禁止されています。

一方、医学の進歩に伴い、脳死判定による臓器移植が行われています。臨時脳死及び臓器移植調査会（以下「脳死臨調」）が、平成二年（一九九〇）、内閣総理大臣の諮問機関として設置され、「脳死を人の死」とすることは社会的、法的に妥当との見解を示しています。平成九年（一九九七）十月～令和三年（二〇二一）三月の間の脳死下臓器提供事例は、七四二例が報告されています。

この脳死について平成四年（一九九二）、日本弁護士連合会（以下「日弁連」）は「脳死及び臓器移植に関する諸問題についての答申」（脳死臨調）に対して次のような意見書を出しています。

> この答申は、いわゆる「脳死」を「人の死」と認めた上で臓器移植を行なえるとする多数意見の他に、「脳死」を「人の死」とすることに賛同しない立場の少数意見を包含するものである。

国民一人一人の生と死にかかわる重要問題であるから、ことがらの性質上、多数決で決すべきものではない。（中略）社会に存在する二つの考え方を区別して示し、答申の読者である国民に判断を委ねたものであるとすれば、答申のこの姿勢は評価に値する。

さらに、「脳死」の定義は最も厳格な全脳の壊死(えし)をもって定義とし、脳循環・代謝の途絶を確認すべきこと、判定方法を確実慎重なものにすべきであるとしています。加えて、同調査会の前年の中間答申に対して日弁連が、「脳死」を「人の死」とするのは人権侵害の危険性があり、検視規則その他数多くの現行諸規則との整合性が必要で、「脳死」を「人の死」とする新しい社会的合意は成立していないことを強調して指摘したにもかかわらず検討の跡が見当たらないのは遺憾である、としています。そして医学会の内部の論議、専門家と非専門家の対話を含む国民的論議が、この答申をきっかけに十分行われ、脳死移植に関する社会的理解が深まることを期待したいと結んでいます。

立花隆氏は著書『生、死、神秘体験』の中で「医者が、この人は意識がないといっているときに、本当は患者に意識があるかないかは分からない、実際に医者から〝もうだめだ〟と宣告された人が、実はずっと意識を継続していて、その場の状態を見たり聞いたりしているという実例が、多くの取材から明らかにある」と言っています。

また立花隆氏は、あくまで臓器移植を前提としたうえで脳死の定義や判定を考えていくべきなのに、「臓器移植と脳死は別だ」という立場で脳死の判定基準（「竹内基準」：座長の名前による）は作られていると指摘し、批判しています。

さらに氏は

昔だったら考えられなかったかもしれないが、医療技術が進歩した結果、死とみなしてよいか生としてみなしてよいのかわからない領域がある。死とみなしたときには、その患者は患者ではなく死体になる。臓器移植はある意味で死体を利用することである。その際、人の生と死をどこで分けるかという問題と同時に死と判断した場合、死体を移植などの目的に利用してよいのかという問題が生ずる。さらに、その利用の仕方も単なる臓器移植だけでなく、非常に過激な意見としては、いま世界的に血液が不足しているから、脳死体を生かし続けて血液やホルモンを生産する、あるいは医学生の教育のための解剖に用いる、などという利用の仕方まで許されるのかという問題も派生してくる。現在の医療技術という前提に立つと、今回の脳死判定基準でほぼ蘇生の可能性はないと思う。しかし、延命治療をやめる基準としては、「蘇生の可能性のない段階」で問題ないわけであるが、臓器移植のような非常に暴力的な行為を人体に加える場合は、そうではなく、完全に脳が死んでいることが確認されなければならない。

脳に血が回らなくなれば、必然的に脳が細胞のレベルで死ぬわけであるから、脳循環の停止を検査すれば、脳死が確かめられる。これが今回の判定基準では落ちている。機能検査だけによった判定基準なので、それでは脳死のプロセスがスタートしたことしか確かめられない。

と重要なことを批判しているのです。

脳死臨調のメンバーであった哲学者・梅原猛氏は、小説家・五木寛之氏との脳死をめぐる対談（『少年の夢―梅原猛対談集』小学館）の中で、「人の死を科学の都合で変えるというのはもっての他だ」と発言し、脳死を人の死とすることに反対しています。さらに「臓器移植というささやかな医療の現場においてのみ脳死を認めてくれというのならまだ話は分かるが、大上段に振りかぶって脳死を認めろという、そんなこと認められない」とし、次のように言っています。

その背後には科学、医学の大変な傲慢さがある。医学のためには、人の死すら変えていく、だから委員会では二対一三、参与も含めて四対一六で、あえて反対した。

また五木氏は

大和の側から二上山の彼方に落ちていく落日を幼い日の恵心都源信はどういう思いで見たかと考えるんですが、陽は徐々に沈んでいって沈んだ後も西の空に鮮やかな夕映えが残っていて、それが紫色に変わってやがて次第に暗くなって行くわけですね、その中間の徐々に移り変わっていく、落日の後もそれが夕映えに染まっているような時間が、家族とか周りの人達にとって大事ですね。私は心臓死さえも実感として死とは考えないんです。冷たくなって、死後硬直があってみんながそれに対して別れを告げて、儀式を行ってそして火葬して、徐々に死が周りの人間に認知されていく、人間の死とはそういうものだと思います。
……最終的には人間は病気に勝てない、そして何より死という大きな病から逃げることはない。これから先、考えられるのは死を否定する生でなくて生の中に死を含んだ思想、死と対決するのでなく、死を迎い入れる思想がなくてはいけないのではないか。

と言っています。

これまで生物学的観点からの「死」について記してきましたが、一方、政治的、社会的そして感覚的とでも言えるような「死」という別の観点もありましょう。

家族のどなたかが亡くなると、その遺族に深い悲しみが生じます。それは「生物学的な死」です。しかし、その人の死後、時間が経過して、遺族の悲しみの心が取り除かれたとき、ようやくその人の「死」が終わったということになりましょう。それまでは、亡くなっていないのです。

かの徳川家康は、生物学的死後も自ら開いた幕府の象徴として政治的、社会的に二〇〇年以上生き続けたと言っていいかもしれません。

臓器移植に話を戻しましょう。日本国内での臓器移植の件数を見ますと、諸外国に比べて極端に少ないのです。それは、日本人の感情として臓器移植になかなか踏み切れないからです。五木氏が言うように、死体はまだ生きている如くに考え、そして家族の一員であり、所有物と思うからであると思うのです。外国の、特にキリスト教の国では、死ねば肉体は言ってみればゴミくずに等しい感覚なのです。一方、日本人にとっては、遺体から臓器を取り出すことには物凄い抵抗感があるというのが、一般的ではないでしょうか。

蛇足になりますが、一九七四年のパリ郊外でのトルコ航空機墜落事故のとき、日本人はワッと遺体のある現場に駆けつけました。しかし、フランス警察は〝日本人というのは頭がおかしいのか？〟と行動にびっくりし、結局遺族は遺体現場に近づけなかったという話があります。

立花隆氏と小説家でクリスチャンである遠藤周作氏との対談の中で、立花氏の「脳死が完全に確認されたなら臓器移植は認められますか？」の質問に対し、遠藤氏は「多くの人が救えるのでしたら」と言って認めています。さらに続けて「血液生産用に脳死の人体を使うということに関しては？」と聞くと遠藤氏は「そういう目的では認められない」、つまり人を〝間接的に救う〟というのではなく〝直接的に救う〟という目的においては認められると思うと言っています。すなわち遠藤氏は「人間が嫌悪感を起こすような医療は、まだいけないと思う」と言っているのです。

三　死について思うこと

「死」というのは、人間にとって何よりも重大なことであるとして、有史以来、どんな哲学者、宗教家あるいは宗教を開祖した人でも探求し、語っています。「死」というものがどんなものか、そして死後どうなるのかということについては、いろいろな説がありますが、はっきりした考えはないようです。したがって考えや体験談から導かれているのは、端的に言えば、推測なのかもしれません。しかし筆者が、本書で著している姫野公明師という霊能力者の事績、行動は、一言で言えば「不思議」としか言えないことで論証できませんが、事実であることを（十章～十二章）で述べたいと思います。

人間の身体は、いつかは活動が物理的に停止します。それが死です。存命中の社会的な地位、業績、所有する資産の多寡などに関わらず平等に訪れます。一見、不条理に満ちているこの世の中において、「死」があるからこそ「生」を懸命に生きるのだと思うのです。

私たちが「死」を迎えるまでの時間には普通、各人で差がありますが、不慮の事故等がない限りは、その程度はそう大きなものではないと思うのです。そして、その時間はすべての人間にとって平等に与えられています。その「生」の時間は、平均寿命からしてもあまり長くありません。

「死」というものを考える場合、死を認め「自覚」する姿勢と「死」を恐れ遠ざける姿勢があり、さらにその中間の考え方があると思います。「自覚すること」の対蹠的な位置に「恐れ遠ざけること」

があります。人生の「死」に対して〝自覚的に〟臨むということは、「よりよく生きる」ということに繋がります。したがって、より自覚側に沿って生きることに努めたいと思うのが普通の考えでしょう。そこには信ずる対象、救いの対象として信仰があると思うのです。

その〝自覚側に〟ということ、すなわち「死」というものがその人のどれだけ近くに存在しているのかが問題になってきます。「自覚側」と「恐れる側」には相当な距離があります。筆者もそうですが、より「自覚側」に近づきたいと思いながら時々仏教書に手を出したり、人の話に耳を傾けるように努めていますが、その距離はなかなか縮まりません。ただ、若い頃は「死」は恐ろしいと感じ思っていましたが、歳をとると少しずつその距離が短くなってきているような気がします。その距離がなくなるのが「悟りの境地」ということでしょう。その距離を縮める方法として、神仏などの教えがあるのでしょう。

とは言え、この教えだけで、その距離は縮まりましょうか？　筆者は現在八十三歳で、普通のサラリーマンを定年になり、生まれ故郷に帰って趣味で村の子供たちの勉強を若干みてやり、そして畑をやりながら、余裕時間に〝死後、人間はどうなるのだろう〟と思い、偉大な方々の考えを紐解くことを試みています。しかし、思うように進捗していません。この年になって、浅学筆者も「死」というものを身近に感ずるようになっていますので、筆者なりに記してみました。

『救いとは何か』（山折哲雄・森岡正博著／筑摩書房）において、宗教学者の山折氏と若手哲学者のホープ、森岡氏の二人は鎮魂について対談しています。生命哲学の分野を確立しようと活躍している若手の新進気鋭の哲学者である森岡氏は、鎮魂について「私はあの世があるとも、超越的な神がいるとも思っていません。しかし、何かを信仰するという在り方そのものは実感として納得できます。鎮魂という感覚も分かります」としながら「私は魂というものの存在は信じません。人は死んでしまえば消滅する、魂が残ることもないと思っています。それなのに〝鎮魂が分かるのは何故か〟と自問しています」言っています。

筆者が姫野公明師という人についての拙著『白雲の彼方　神々は招く』を著した際に、宗教学者という人ではありませんが宗教について相当詳しい人から、「あなたの本を読んだが、あんな不思議なことがあるはずがない。あなたの頭の中にあった幻想じゃないか？」と言われました。すなわち魂という存在を全否定しているのです。

これに対して筆者が、「東日本大震災や他の大きな災害時に、当時の天皇皇后両陛下が現地に行って深々と頭を下げていますが、あなたはこのことをどう思いますか？」と尋ねると「それは認めるよ」との返事が返ってきたのです。このことは、前記の哲学者・森岡氏が言っていることと同じように思うのです。

日本では、初詣でなどに多くの人が神社仏閣に行き、心から一年の無事を祈ります。神や仏の実体を、各人は実証できていないにもかかわらず、その存在をどこかで信じている、森岡氏はそこが不思議であるとも言っています。

この点を宗教学者・山折氏はご自分の著書『信ずる宗教、感ずる宗教』（中央公論新社）の中で「実感として分かる」というのは「信仰」ではないかと言っています。これに対し森岡氏は「〝信じる〟とは言えないのでは」と反論しています。すなわち「実感として分かる」と「信仰」とは近くにはなく、遠い存在ではないかと反論しているのです。これに対し山折氏は「信心」と言い換えています。

確かに我々の住んでいる日本列島は、気候も温暖で山の幸、海の幸などに恵まれ、そこに四季があり、豊かな自然によって自分たちの暮らしが支えられているということを、私たちは納得しております。そして山や森から、いわゆる自然発生的に自然信仰が生まれたことは、第一章で記したとおりです。さらにそこからは多神教的、多元論的な価値観が生まれてきているということも納得でききましょう。これは、人間社会と自然との関係が非常に近いというか、一体となって生きづいてきた結果だと思うのです。山に向かって手を合わせ、大木に注連縄（しめなわ）を張り、それに手を合わせ、お賽銭まであげる。この感覚は何千年も前、縄文時代から人間が共同社会を営んできたが故に、我々のＤＮＡに刷り込まれているのです。ここに「信心」、信ずる心があるのではないでしょうか。

山折氏は、森岡氏の「山折さんご自身の信心とは何ですか？」との問いに対して

私の信心の基礎にあるのは、仏教で言うところの無常観です。そしてもう一つは浄土観、浄土の実在を信じているわけでないが、山の端に太陽が沈みいくのを実際に目にすれば感動する。きっとそれは、自然の彼方に理想的な世界があるという感じからだと思う。

と答えています。これに対して哲学者・森岡氏は「そのことは私にも分かります。しかし、そこに何故仏教が入ってくるのかが分からない」「自然の彼方に何かがあるかもしれないと感じたときに何故いきなり〝浄土〟や〝理想世界〟が出てくるのか私にはどうしても理解できない」と言っています。

この森岡氏の投げかけに対し、「僕の場合、必ずしもすんなり繋がっているわけではなくて……」とし、夏目漱石の『門』から次の一節を引用しています。

> 彼は門をくぐる人ではなかった。くぐらずに済む人でもなかった。日暮れを待っていつまでも門前に立ち尽くす不幸な人間であった。

すなわち主人公の宗助が救いを求めて参禅（禅道に入って学ぶこと）したときの「宗教に入ることもできないし、世俗に満足することもできない」という心情描写を例として挙げ、ここに山折氏は〝感ずる宗教〟という立場での心境を言ったのだと思うのです。

さらに、森岡氏は

> 自然の中を歩くとき、木々の動きや風の音、温度の変化の中に何か不思議なもの、大きなものを感じることは私にもあります。このような感受性は、どなたも感じ、分かると思うのです

が、しかし、それを〝神々〟や〝仏〟の表れとして感じるところが、私には分からないのです。私は大自然の背後にある何か大きなものを感じることを否定しているわけではありません。それを神仏の名で呼ぶことによって、大自然が何か別の宗教系と繋がっていってしまうことに違和感を持っているのです。

と言います。これに対して山折氏は「そうかもしれない」と言いながら、きっちり説明しています。

ここで筆者は、なにも背後に感ずるものを「神」とか「仏」とか言い表せなくてもいいと思うのです。大自然の背後にある何か大きなものを感ずることができることがなにより大切なのです。そのことが、「信じる側から言葉で表すと〝神〟であり〝仏〟なのです」と言いたいのです。

神を信じない、いわゆる無神論者には二種類あると思うのです。一つは神仏等はまったく「無い」と考える完全な無神論者と、もう一つ、「神仏がいるかどうかは、どうもあやしい」と思っている人です。哲学でよく言う、前記した不可知論的な立場の人があります（「不可知論」とは、言葉を換えて再掲しますと「哲学的な言語で意識に与えられる感覚的経験の背後にある実在は、論証的には認識できない」ということ）。

哲学者の森岡氏は後者の考え方の人間であると言いながら、神の存在を認めていないようです。そこで山折氏が、〝プライベートな質問になるが〟と前置きしながら「あなたのご両親は私と同世代だと思うのですが、これから老、病の世界を経て、最期の段階へゆくわけですが、どういう態度をとるか、また森岡さんにも同じような問題が訪れる、そのとき、どういう姿勢を貫けるのですか?」と質問すると、森岡氏は「両親も特別信仰は持っていない人間で、死後のことなどについて深く考えることもないように見えます。両親の死に向かう道筋を、しっかりこの目で凝視していくつもりです。そこは、綺麗事ではなく、ドロドロとした現場になると思う」と答えています。一方、「自分の死の場合は、謎の中に全身で突っ込んで消えてゆく感じでしょうか、こればかりは現場に直面してみないと、どうなるかは分からない。〝死にたくない〟と叫びながら死んでゆくかもしれないし、またそのように叫ぶ気力もなく、朦朧（もうろう）とした意識の中へ沈んでいくかもしれません。哲学者の最期とは思えないくらい、ひどい有り様かもしれない」と赤裸々に自分の心境を語っています。

筆者は、この森岡氏の考えを聞いてちょっとびっくりする一方、哲学者でさえも、人生において何よりも重大な問題である「死」との向き合い方が思い描けていないのも、〝宜（むべ）なるかな〟と納得もしたのです。

山折氏によると、釈迦は「人間の死も犬の死も何ら変わらない」と主張する過激な平等主義だったそうです。これに対して氏は、そうした境地に達することができれば、死の恐れはなくなると説明しています。「死というものの認識が無くなる」と言いたいのでしょうか、すなわち「悟りの境地」ということを言いたいのだろうと思うのです。

犬をはじめどんな生きものでも、危険な状況に遭遇すると自己防衛が働き、生き続けたいという行動をとりますが、彼らが「死」という観念を持ち合わせているかどうかは分かりません。おそらく種の発生以来、〝種の保存〟というＤＮＡに刻まれた動物的本能が働くからだと思うのです。

お二人は「死の問題」は、「〝生き続けよう〟とする欲望がある時にのみ生ずる」と言っています。確かにそうかもしれません。そして、「あらゆる宗教の中には欲望を支える禁欲の精神が含まれているのに、そういう構造を近代社会はぶち壊してしまい、人間が自らの生命を維持する上で〝欲望は大切だ〟と言い続けてきた。そして、近代の成熟した社会が欲望を全面的に肯定するようになる中で、再び宗教的な自覚が出てきているのではないか」と言っています。つまり現代社会の中で多くの人びとは、漠然とではあるが、〝欲望肯定〟は必ずしも幸福に繋がらないことを分かり始めていると指摘しています。すなわち「欲望を追求していけばハッピーになれる」かというと、「そうじゃない」と多くの人が感じ始めている、それが宗教的感性に結びついているというのです。

浅学筆者も、有史以来ずっと近代まで人間の欲望が途切れもなく続き、その結果、自然が破壊され続けられてきたと、どなたも認識していると思うのです。しかし、世界的に二酸化炭素の削減に目が向けられ始めていると多くの人は考えていると思うのですが、机上の空論という言葉がありますように、言葉や考えだけが先行しているだけです。将来の同じ人間（子供や孫）に対し、どう責任をとるのかということが何ら明らかにされていない。ただ相変わらず、無責任に欲望を満たすことだけに走り続けています。お二人が語っている欲望肯定に対する反省など、まったく見られないのではないでしょうか。現在（二〇二二年）のロシアによる「ウクライナ侵攻」もそうですが、基本は人間の欲望が原因なのです。人間の欲望は、ときに社会を破滅に導くことになります。

わが国についていえば、二〇二一年に誕生した岸田内閣も「新しい資本主義」ということを立ち上げ進めようとしていますが、どこまでやれるか期待して見ているところです。

若干の浮き沈みはあるものの、人間の欲望を満たすための方策として資本主義を基本として経済を成長させ続けてきた現代の社会を見るにつけ、貧富の差、富の偏りが著しく現れてきています。そして経済的困窮からの自殺が急増し続けています。なによりも尊い命が、異状況下で失われているのです。絶望の底から這い上がろうと〝藁をも掴む〟心境で生きている人間が、どれだけ多いことか。

近年（二〇一九〜二二年）、長期にわたる新型コロナウイルス感染症の影響もあり、職を失い、生きる望みさえ断たれる人びとが多いと報道されています。政治、経済など、文明社会を司る指導者は、そこにしっかり目を向け、個人の生活保護を考えたセーフティーネットを確立することを、一層進めてほしいと切に望むものです。

世界の富の四分の三を全人口の一〇％の人びとが占めているということを聞くにつけ、浅学筆者はどう表現したらいいか迷うところですが、何か資本主義の行き詰まりのようなものが始まりつつあるように感じるのです。

四　名僧源信(げんしん)の著書『往生要集(おうじょうようしゅう)』から

『往生要集』は平安時代中期の三巻一〇章からなる天台宗の僧・源信の手による仏教書で、源信が四十三歳の永観二年（九八四）十一月に書き始め、翌年四月に完成しています。濁世(じょくせ)（汚れた世）の人にとって〝極楽に往生する道を示す〟とともに、〝仏教こそもっとも相応しいものである〟という信念から、必要な念仏について経典や論の要となる文章を集めたもので、引文は一一二部六一七文にも及んでいます。

ちょうど社会体制も平安から鎌倉へと移行する転換期で、社会経済的にもいろいろな混乱があり、「末法思想」という一種の終末論が流行(はや)った時代です。人が死というものを強烈に意識せざるをえない状況があった時代ということになります。そういう中で「死んだらどうなるのか」「死んだ後、極楽浄土へ行くにはどうすればいいのか」という関心が非常に高まっていたのです。

この『往生要集』は、「日本の浄土教の基礎を確立した金字塔」とも言えるという評価もあり、以後、長く多大な影響を与え、文学、美術、その他風俗にまで及んでいます。脱稿後、中国に送られていたことも注目されている書です。

この書で源信は「臨終の行儀」という項の中で、臨終に際してどのようなこと（行儀）を行うべきかを明らかにするとともに、臨終にある者に対する念仏のすすめ方について述べています。

以下、このことについて記してみますが、その前にこの名僧・源信とはどういう人か著しておきます。

源信は、現在の奈良県の当麻（たいま）（現葛城市）で生まれました（九四二年）。母は浄土教の信者で、三人の姉妹と比叡山延暦寺で出家しています。当時の比叡山延暦寺は天台宗総本山として、また当時の政治体制を支える柱として英才が集まる最高の学府であったのです。その延暦寺を率いる人、良源（りょうげん）に師事しています。良源は、源信とともに比叡山における学問の振興に力を注いでおり、源信が僧侶として階位を順調に上ってゆくときに生じたある有名な出来事があります（『今昔物語集』本朝部（上）／岩波文庫）。

あるとき、朝廷の行事に召しだされて布施の品をもらい、嬉しさのあまり母に送ったところ、母から次のような手紙が届いたのです。

「あなたは立派な学者になったらしいが、それはあなたの本意なのか。あなたは私にとってはただ一人の男の子である。その子を元服もさせずに出家させたのは、名僧となることを望んでのことではない。多武峰（とうのみね）の聖（ひじり）のように名利を否定して、ひたすら仏道を歩む僧になり、私の後世（ごせ）を救ってもらいたい、と願ってのことだ。私が生きているうちに、あなたがそのような聖になるのを見届けて死にたいのだ」

母の手紙には

後の世を渡す橋とぞ思ひしに夜渡る僧となるぞ悲しき

（あなたには人々を教え導いて、救いの世界へと橋渡す人物になってほしかったのに、世渡り上手な僧になってしまったことは悲しいことです）

という歌が添えられていたと言う。

源信はこの手紙を読んで、涙を流して「よくぞ言ってくれた。これからは教えのとおり聖をめざします」と誓った。その後、六年間、山に籠もり修行に励んだが、あるとき母のことが気になり母を訪ねたところ、折しも臨終の身であった。

なお多武峰とは、現在の奈良県桜井市南部にある山およびその一帯にある寺院のことを言います。話をもとにもどしましょう。平安時代の浄土信仰時代、人びとの関心事は〝いかに死を向かえるか〟にあったという宗教家もいます。すなわち極楽に往生できるか、それとも地獄に落ちて永遠の責めを受けるか、なのです。

源信は、前記のとおり『往生要集』の中で臨終に際してどのようなことを行うべきかを明らかにし、そして臨終にある者に対する念仏のすすめ方について言っています。

臨終に際しては、

床の前に阿弥陀仏の仏像ないし仏画を置き、仏の手に五色の糸を結び、その糸の端を死なんとする病者に握らせ、皆で一心に念仏を唱えるとあります。死なんとする者には、阿弥陀仏の額の中央にある白毫(びゃくごう)と呼ばれる一点に思いをこらしながら念仏を唱え続ける。すると、白毫から強い光が発し、その光が病者を包む。病者は、その光の中で阿弥陀仏が自分を浄土に連れて行くため迎えにやってくる姿を見るというのです。

　源信がこの『往生要集』を書いた後、このとおり実践して極楽に往生しようとする人たちがたくさん出ています。その中で、当時の社会の上層部にいたエリートたちが源信を中心に集まって、二十五三昧衆(にじゅうござんまいしゅう)という念仏結社までが出来たのです。病で死なんとするメンバーが無事に極楽に往生できるよう他のメンバーが看てあげる、お互いに助け合おうという結社なのです。「二十五」というのは二五人のメンバーが集まったからで、毎月十五日・満月の日に集まって徹夜で念仏を唱えるのです。やがてそのメンバーの中から、病気になって死を迎える人が出てくる。そいう人のために往生院という草庵を建て、そこに入れてやる。同志が二人いて、二十四時間看護をし、念仏を唱え続ける。今で言うホスピスを想起させます。

　そして、いよいよ死を迎える時がくると、五色の糸で仏の手と結んでやり、皆で念仏を唱える。そのとき本当にその人が極楽往生できるかどうかを確かめるために、死に逝く者の耳に口をつけ「いま何が見える?」と聞くことになっています。聞かれた者は正直にそれに答える。それを克明に記録したのです。それが『二十五三昧根本結縁衆過去帳』という文献に残っています。どういう死に方をしたかによって、死後の供養の仕方が違ってくるのです。したがって、みな正直に答えるのです。光明に包まれた阿弥陀仏がやってくるのを本当に見る人もいる。必ずしもそうではなく

「何も見えない、真っ暗闇だ」と言った人もいる。「自分はいま火災に包まれている。身体が火で焼きつくされそうだ」と言う人もいる。そのときは「皆で大念仏を唱える」とあります。

このことについて、〝知の巨人〟と言われた立花隆氏は著書『臨死体験』の中で、「本当に死んでいく人の体験と同質の体験なのか」それとも「死にかかったけれど生き返ったという人特有の体験なのか」という問題があるとも言っています。さらに、この問題を検証しようにも検証方法がない永遠の謎であるかに見えるとしながら、「しかし、手がかりでもある」と肯定もしています。読者のみなさんは、どう思われるでしょうか。

五 キリスト教徒・遠藤周作氏の死への思い

信仰や死に対する思いについて感ずることは、一般には、迷いの深い人間とか自分の煩悩や生への執着が強く、その思いがむき出しになる可能性が強いと思っている人ほど、仏教やキリスト教を勉強したり、すがりたいと思うのではないかと思うのです。しかし宗教を勉強し、宗教を信じ、理屈の上ではある程度理解できていても、いざ自分が死に直面した時、何も勉強しなかった人よりも理屈で分かっていたことが、音を立てて崩れてゆくことだってあると思うのです。住職だってそうかもしれません。

文芸評論家で仏教思想に詳しい亀井勝一郎氏も、小説家でありキリスト教信者の遠藤周作

（一九二三〜九六）氏が著書の中で「信仰のことが念頭から離れない人間ほど死の恐怖の前に狼狽するかもしれない」と言っていたと記しています。筆者も自分のことを考えると、そうかもしれないと思うのです。

一方、苦しみ、悩み、人生に生きる望みも閉ざされ、生きることより死を選択することがあります。日本人の自殺者は、平成二十年前後では三万人台だったものが、令和の時代になって若干減少しているものの依然として二万人を超えているのです（無職者五五・六％、被雇用者三一・〇％など／厚生労働省の統計）。

ここで、熱心なキリスト教信者であり小説家でもある遠藤周作氏の死への考え方について、氏の著作から触れてみます。氏は死について、自分の好きなフランスの作家の言葉で説明しています。

・死は老いてからのみ考えるものでない
・死と対決してこそ生の意義がつかめる
・死というのは多分海みたいなものだろう。入って行くときは冷たいが、いったん中に入ってしまうと……

セスブロン（フランスの作家）の遺作『死に直面して』

遠藤周作という人は十一歳でカトリックの洗礼を受けています。慶應義塾大学仏文科を卒業し、昭和三十年（一九五五年）に『白い人』で芥川賞を、また文化勲章を受賞している人です。一貫して日本の精神風土とキリスト教の問題を著作の中で追求しています。

彼の有名な言葉に「もっと人生を抱きしめなさい」があります。作品『沈黙』の中で、「人生にも踏絵があり、また交響曲を鳴らしてくれるのは宗教だ」とも言っています。遠藤氏は死についての著書の中で、小説家・椎名鱗三（一九一一〜七七）という人のことについて触れています。この方は貧窮の中に育ち、職を転々としています。十五歳の時、家出、以後、果物屋の小僧、出前持ち、見習いコックなどを経験した後、共産党に入るも投獄され転向、作品『深夜の酒宴』により戦後の文壇に登場している人で、その後キリスト教に入信しています。この椎名氏はプロテスタントの洗礼を受けた時、遠藤氏に言ったそうです。

遠藤さん、僕は洗礼を受けたから、これでじたばたして虚空を掴んで〝死にたくない、死にたくない〟と叫んで死ねるようになったよ。

遠藤氏はこれを聞いて「私には椎名さんの言うことはとてもよく分かる。自分の醜いことをどんなにさらけ出しても、神様にはたいしたことではないと思う」と言っています。そして続けて

うまく年をとって、従容（しょうよう）（落ち着くこと）として死んで行っても、じたばたして死んで行っ

てもいいと私は思うのです。

と言っています。

お釈迦様は、お弟子や鳥や獣たちに囲まれて、そして惜しまれて死んでいったそうですが、キリストは、キリスト自身が十字架のうえで槍で突かれて苦しんで、最後まで苦しみながら、一見絶望的に聞こえる言葉まで口にされています。「神よ、我を見捨て給うや」と。遠藤氏はこのところを「これは詩編のなかの祈りの言葉で、神を呪う言葉ではない」と言っています。しかし、それを認める解釈もあるとも言っています。いずれにしても、非常に苦しんだ死に方です。

さらに遠藤氏は、「この死に方を『聖書』は肯定し、キリスト教信者はこのイエスの死に方に自分の苦しみを重ねて考えるようになっているのです」と言っています。前記の椎名麟三氏の発言「じたばたして虚空を掴んで死ねるようになった」は、ここからきているのでしょう。

もう少し調べてみました。

イエスは十字架の上で悶え苦しみ

「エリ、エリ、レマ　サバクタニ」

と大声で叫びます。これは

「我が神よ、我が神よ、なぜ私をお見捨てになったのですか」

という意味です。詩篇という『旧約聖書』の中の一節の祈りの最期のところを口にしています。し

かし、イエスが息を引きとる寸前、

「われ、すべてを汝に委ねたてまつる」

と最期の言葉を言って、神への全幅の信頼の祈りをしているのです。

死後の世界について、釈迦は死後の世界の有無について一切発言を拒んでいますが、五木寛之氏などは、発言していないが釈迦は次の世界を認めていたのだろうと言っています。

「死」というものを考える、いわゆる死生観というのは、生きることと死ぬことに対する考え方、また判断や行動の基盤となる生死に関する考えであるわけですが、死は誰にも訪れるものです。そして死後の世界は、未知の世界でもあります。そのため、人の死に対する考え方や価値観などは個人で異なります。死に対する考えるきっかけも人それぞれです。例えば身近な人が亡くなったり、事故や病気で生死をさまよえるような体験をしたりして、死について考えることもありましょう。

死生観については、宗教から影響を受ける人も多くいます。キリスト教、仏教など何らかの宗教を信仰している人が多くいますが、宗教では死や死後の世界について教えが説かれています。一方、信教の自由がある日本では、特定の宗教を信仰しない「無宗教」の人も多く、ほとんどの人が死生観に宗教の影響を受けにくいのではないでしょうか。

かつては一時、死はタブー視されていましたが、近年では、自分の死に備えて行動しようとする動きが見えます。書店に行きますと「終活（しゅうかつ）」の本が目につきます。団塊（だんかい）の世代の皆さんもそんな年代になってきたのかと思うのです。

「人生の終わりをどのような形で迎えたいか」について考え、準備することは決して後ろ向きな行動でなく「今をどう生きるか」に繋がる前向きな行動としてとらえられつつあるのでしょう。死ぬ前に考えておきたいこととして、遠藤氏は次のように記しています。

㈠死を迎える場所
・病院　・自宅　・介護施設　・ホスピス
㈡死ぬ前に考えておきたいこと
①これまでの自分の人生を振り返る
新たな発見（過去を見て）欲求が湧くかもしれない
②「やり残したこと」を考える
すぐ実現できるものとすぐ実現できそうもないことを分けて考える
③残りの日々の過ごし方を決める（考える）
優先順位を決めて実行する

筆者も後悔のない最期を迎えるために今、何をしたいか、そして何をしたらいいか、自分の心に聞いてみることが大切なような気がします。

後の人間に迷惑を、できるだけかけないようにエンディングノートを作る。折に触れ、筆者は家族に言われておりますが、なかなか実行できないでいます。遺言状をどう認めておくかについては、それぞれの状況により異なることでしょう。

蛇足になりますが、森鷗外が遺言状を書いたあと「ばかばかしい」と言ったという話を聞いたことがあります。鷗外は武士の死に方のような〝死の美学〟的な思いを持っていたのかもしれません。現代社会において鷗外のように、死を美学としてとらえることができる人は少ないように思います。

繰り返しになりますが、言うまでもなく「死を考える」は「いかに生を考えるか」にほかならないのです。

第五章　立花隆氏の著『臨死体験』から

最近(二〇二一年)までご健在で活躍されておられましたから、ご存じの方が多いと思いますが、あらためて立花氏について記しておきます。

一　立花隆という人

日本のジャーナリスト、ノンフィクション作家、評論家。執筆テーマは、生物学、環境問題、医療、宇宙、政治、経済、生命、哲学、臨死体験など多岐にわたり、多くの著書がベストセラーとなっている。その類なき知的欲求を幅広い分野に及ばせていることから「知の巨人」のニックネームで呼ばれる。

昭和三十四年（一九五九）東京大学文科二類へ入学。在学中は小説や詩を書く。イギリスで開かれた原水爆禁止世界会議に参加。卒業論文テーマはフランスの哲学者メーヌ・ド・ビラン。

昭和三十九年（一九六四）東京大学文学部フランス文科卒業後、文藝春秋社に入社。入社後、希望どおり「週刊文春」に配属される。先輩記者の導きで文学青年時代から一転、ノンフィクションを濫読して多大な影響を受ける。しかしプロ野球にだけはまったく興味が無かったため、その関係の仕事だけはさせないでほしいと宣言したところ、「あの野郎は生意気だ」ということで、見せしめに最もやりたくないプロ野球の取材を一週間させられたことから、三年足らずで退社を決意。自分がやりたくもないことを上司の命令というだけでやらねばならない事実に我慢ができなかった。「私は、プロ野球というものに、昔も今も一切関心が無い、なんであんなものに、多くの人が夢中になれるのか全く理解できない、関心がないから、知識もない」と自著『生、死、神秘体験』に記している。

昭和四十九年（一九七四）雑誌「文藝春秋」に「田中角栄研究─その金脈と人脈」を発表、田中角栄首相退陣のきっかけを作り、ジャーナリストとして不動の地位を築く。

平成二十一年（二〇〇九）十一月二十七日　鳩山内閣の事業仕分けで大型研究プロジェクトに交付される特別教育研究費が予算要求の縮減と判定されたのを受けて、全国の国立研究所長らと共に東大で記者会見、「民主党は日本をつぶす気か」と非難。「目の前で起きている出来事を見て怒り震えている」と発言。

立花氏は幼少の頃より、人の生と死の問題に関心をもっていたそうです。人間存在の本質に興味を抱き続けてきたのでしょう。

立花氏の膨大な著書から感じますには、氏の考えの礎に「人間はいったいどこから来てどこへ行くのか」という人間の存在そのものの真理の追究があるように思います。「人間はどこから来たのか」

の答えを求め、アフリカの未開民族を長期間訪れ、取材しています。そして、「どこに行くのか」については、後記します人間の生と死について真理を求め、膨大な著書を著しています。そうかと思うと「宇宙に果てはあるのか」という疑問からアメリカのＮＡＳＡまで行って科学者を捕まえて、質問攻めにしています。氏は、人間から見て誰もが知りたいと思う人間の「境」を明らかにしたいと考えていた人だと思うのです。まさに「知の巨人」と言われた所以であり、凄い人です。

立花氏は述懐しています。

人生というものは、いつも予期せぬことに満ち満ちている。計画など立てたところで、計画通りの人生など生きられるはずがない。もし計画通りの人生を生きた人がいるとしたら、それはたぶん、つまらない人生を生きた人だ。

二　立花隆著『臨死体験』から

まず、氏のライフワークとして書かれた『臨死体験』の内容と、その膨大な取材のご努力に対し心から敬意を申しあげます。ここでは、『臨死体験』の概略を紹介し、その後、筆者の若干の感想を記したいと思います。

立花氏は、「臨死体験」というのは事故や病気で死にかかった人が「〝九死に一生〟を得て、意識を回復したときに語る不思議なイメージ体験」と定義しています。そのイメージとは「三途(さんず)の川の前にいた」「お花畑のなかにいた」「魂が身体から抜け出し自分を外から見ていた」「死んだ親や先祖の人に出会えた」などがありますが、どうも共通したパターンがあるのではないかと言っています。

この体験をもって「死後の世界を見た体験だ」と認める人と、そうではなく「脳の中の特異な幻覚」ととらえる人がいるというのです。こういう話は確かに、日本人には真面目にとらえられていないように思うのです。しかし、立花氏のこの本によると、アメリカやヨーロッパでは学問研究の対象となっていて、哲学者、宗教学者など各分野の専門家から構成される研究団体まで組織されているというのです。

本書の最初に出てくるのは大平さんという人の「体外離脱」の体験例です。この方は、二十五歳のときに胃潰瘍で下血、吐血を繰り返し、病院では極端に血圧が下がり、ベッドで意識のない日が続き、その間に何度か臨死体験をしたというのです。

初めは真っ暗になっていて、水の流れる音がして、なんとなく足元を見ると水があるんです。その頃、飲み食いを禁じられていましたから、喉が乾いていて水を飲みたかったので、かがんで手ですくって飲んだのです。味はありません。水は大きな流れで、向こうは何も見えない、どこか橋がないか探しました。そんな経験が二、三日続いた。また、水を飲む、水はきれい、水に入って泳いで渡る。そうすると先祖に会うのです。写真でしか見たことのない先祖がいて「お前はまだ来るな」と言うのです。「向こうに橋があるから戻りなさい」と言って、途中まで送ってきてくれた。

こういう体験に加えて、五日目頃、体外離脱体験をしたというのです。自分の肉体から自分が抜け出して、天井のあたりから自分と病室の様子を見ているという体験です。

立花氏は、体外に離脱する主体は何かということについていろいろ議論があると言っています。氏は、大平さんのこのような話を、体験者から多く聞いているそうです。また「一度、身体を抜け出すと、障害物があってもそれを突き抜けて好きなところに行けるし、障害物の向こうが素通しで見え、大きな建物の内部までもが見えるのです」という人もいたそうです。

こうした臨死、体外離脱について取材されたものとしては、アメリカで最も研究が盛んなコネチカット大学の研究室に数千に及ぶ体験記録が寄せられ、保管研究されているそうです。

先の大平さんは

「あれは夢ではなく、現実の体験だったんだと思っています」

と言っています。だから、「あの世はあるのか」と聞かれたら、「あると思う」、「三途の川はあるか」と聞かれたら「ある」と答えるそうです。そして「今度また死ぬときも、あのときと同じようになると思います」と言っていたそうです。

立花氏は、この『臨死体験』を著す前は「人間が死んだら、何もかも終わりだ」と考えていましたが、それがすっかり変わったと言います。

また、宗教学者の山折哲雄氏は、ご自身が臨死体験に近い体験を持っておられるそうです。

三十歳の頃、学生たちと酒場で酒を飲んでいる時、突然大量の吐血をして意識不明に陥り、救急病院に担ぎこまれた。若い時患った十二指腸潰瘍が再発したのである。意識を失う時、身体がふわっと浮き上がるような浮揚感を感じた。すると目の前にいっぱい、五色のテープを吹き流したような光輝く虹のような光が広がって、自分を包み込んだ。光に包まれて浮き上がりながら「このまま死んでいけるなら楽だな、死んでいっても悪くないな」と思い、苦しさは何も感じなかった。

これだけの、あまりにも単純な体験なので、これを〝臨死体験〟と言ってよいのか、山折氏は迷っています。しかしこの山折氏の体験は、内容は単純と言えるものですが、それによって与えられたインパクトは大きかったのです。それによって、死というものに対して持つイメージが大きく変わったと言っています。

それまで死の世界と生の世界とは、絶対に断絶していると思っていました。西欧近代文化の考え方に従えばそうなるわけです。だから僕に限らず、普通の人は皆そう思っていると思うのですと。

山折氏は、この体験以前は完全な無神論者であったと著書の中で著しており、立花氏との対話の中で。

【立花氏】ということは、死後の世界があると思うようになったということですか?

【山折氏】いわゆるあの世というものが、この世と同じように存在していて、死ぬとそちらに行くのかというと、多分そうではないでしょう。しかし、この世でない何ものか、なんらかの別の世界があって、そちらに移行していくのが死なのではないかと思うのです。……この世における自意識そのままが持続するかというと疑問ですが、何らかの意識の連続性はあるのではと思います。

一方、死というものが急に襲ってきた場合はともかく、ゆっくり死というものが来る際の人間の心の変容について、世界的に有名なエリザベス・キューブラー・ロス博士(『死の瞬間』鈴木晶訳/読売新聞社)は、有名な「死にゆく過程の五段階」というものを挙げて説明しています。

第一段階：自分が死に直面しているということを告げられた患者は、まずはじめ、その事実を「否認」しようとする。「そんなはずはない」「それは事実でありえない」として、事実そのものの直視しようとしない。
第二段階：自分が死に直面していることは認めるが、何故自分が死ななければならないのかと「怒り」で胸がいっぱいになる。それを人にぶつける、あるいは神にぶつける。
第三段階：死を少しでも先に引き延ばそうと、神と何らかの「取引」をしようとする。「子供が大きくなるまで」「今、手掛けている仕事が終わるまで」なんとか生き延びさせてもらいたいと願う。
第四段階：それもだめと分かると精神的に落ち込み「うつ状態」になる。
第五段階：そして最後の段階で、はじめて死を静かに受け入れようとする「死の受容」がやってくる。

ところが立花氏および山折氏によると、後にキューブラー・ロス博士の考えは変わってきているそうです。博士の変化は、いろいろな臨死体験を知ったこと、多くの子供たちの死を見る体験を得たことによると言います。すなわち、子供たちにとって死は別の世界への旅立ちで、〝繭から蝶になって飛び立つようなものだ〟と思うようになった。向こうの世界では、死んだおばあさんとか、すでに死んだ友達に会える、それを楽しみにして死んで逝くというのです。博士のこの変化に、立花氏は「実に感慨深い」と言っています。

同様に山折氏も「キューブラー・ロス博士は、ある時期からはっきりと魂の不死、死後の生を確信するようになった」と言っており、そして博士の考えを変える契機になったのは「臨死体験というものをより広く知ったことにある」と言っています。

博士は『続・死ぬ瞬間』（鈴木晶訳／読売新聞社）に、こう書いています。

さらに研究が進みいろいろな研究書が出版されてくれば、我々の肉体は実は繭にすぎず、人間存在の外殻にすぎないことを次第に信じるというより、それが事実であることが分かってくるであろう。我々の内なる本当の自己すなわち「蝶」は不死であり、不滅である。

まさにこの考え方が、姫野公明師から筆者が常に聞いていた「霊魂不滅」なのです。

話を少し戻しますが、石原裕次郎氏も臨死体験をしているのです。最近（二〇二三年）、兄の石原慎太郎氏が亡くなられましたが、慎太郎氏は著書『わが人生の時の時』（新潮社）の中で

私の仲間にもその川を見た男がいると。結局癌で死んだ議員の玉置和郎は以前重症の糖尿病だったが、病気を甘くみて死にそこなった時、病院のベッドの上でやはりその川を見たという。昏睡状態で見た夢の中に、天の川のようなほの白い帯のようなものを見たそうな。彼の夢の中に何度となく、以前死んだ彼を可愛がってくれた長兄の姿が現れてきた。病室の壁の前に

立ったその兄が、しみじみ愛しそうに「和郎、そんなに苦しいなら、兄さんと一緒に向こうへ行こう。兄さんが手を引いてやるよ」と招く、その兄の姿の後ろには、ほの白い川のようなものがかかって見えた。何度も兄のさし出すその手にすがろうとしたが、なぜか最後はその気になれず、まだこちらにしなくてはならない用事が残っているのだと言い訳して、ベッドに留まり続けたそうな。……

何が私を引き止めてくれたのか知りませんが、あの時の兄貴の手にすがって、あの川のようなものの向こうに行っていたら、多分それで終わりだったんでしょうな。白く光った帯のような川でしたが自分がそのすぐ間近まで行ったことだけは覚えていますよ。

慎太郎氏はさらに、「自分の弟も、その川筋近くまで行って帰ってきたようだ」と言っています。

裕次郎は九時間に及ぶ大手術の後いろいろな夢を見ていたと言っていた。それは「どこかの川の夢だ、川というより川原だな、なにか時代劇のようなロケーションで最初は馬に乗って、そのうちいつの間にかスタッフ連中と一緒にジープに乗って広い川原を走っているんだ、いつまで経っても着かぬ段取りに業を煮やして、ジープを運転している人間に、車で川を向こう岸へ突っ切らせようとするのだが、何故か他の誰かがそれを止めて、車はまた元のこちら岸へ戻って来てしまうのだ。このことは良く覚えているよ」と。

立花氏は、確かにこの話は信頼できる話であり報告だと思うが、原体験者と記録者が別の人間であることに不満があると言っています。原体験者のその体験そのものと、その口頭での言語表現との間には、通常深い落差があるからで、その落差の大きさの程度は分からないが、一概には全部は鵜呑みにできないと指摘しているのです。

筆者は、この立花氏の言われることも分からないではありませんが、これらの体験は事実であり、信用しても良いのではないかと思うのです。なぜなら話の内容が、記憶により少し異なるかもしれませんが、大まかに言えば同じ話であるように思われるからです。

さらに立花氏は、人間の「死」という問題の解明のため、一般には困難な取材をしています。それはこうです。

立花氏の話（『東大生と語り尽くした6時間　立花隆の最終講義』文春新書）によりますと、脳死問題が話題になっていた頃、脳死問題を扱うテレビ番組の取材のためにホスピスで、あと数日で死ぬことがはっきりしているような患者の方に会って、死の恐怖について直接聞くことになったそうです。おそらく日本では初めての取材ではないかと思うのですが、そのときの心境を次のように語っています。

会って話を聞くまでは、頭の中は不安でいっぱいでした。今にも死にそうな人を前にして、いったい、何をどう聞けばいいのか。自分はまともなインタビューができるのだろうか。患者はどう答えてくれるのだろうか。何を聞いても、その人を傷つけてしまいそうな気がする。当然その人が、今まさに迫りつつある目の前の自分の死について、どう考えているかを聞かなければならないわけですが、それをどう切り出せばいいのか。心は千々に乱れるばかりでした。

しかし、案ずるより産むが易しで、実際にインタビューが始まってしまうと、心配したことは何も起こらず、患者さんが率直に心を開いて、いろんなことを語ってくれたそうです。患者さんのほうも自分の気持ちを誰かに語りたかったのでしょう。その患者さんは、それからしばらくして本当に亡くなったのですが、後にご家族から、〝本人もあのインタビューで自分の気持ちを語れたことを、とても喜んでいた〟ということを伝えられて、立花氏は「安心しました」と言っています。

欧米では、このような試みはよく行われているようです。前記のシカゴ大学のエリザベス・キューブラー・ロス博士は、このようなインタビューを公の場で行った最初の人です。その一部始終は、一九六九年に出版された〝On Death and Dying〟(『死ぬ瞬間』鈴木晶訳/読売新聞社)に詳しく書かれています。

彼女(ロス)は、これを医学部の学生に対する公開授業としたそうです。それまでは、死を前にした患者に自分が死について「何を思い」「何を感じているか」を問いただしてみよう、などと本気で考え、しかも実践してのける人なんて、誰もいなかったのでしょう。この本が出版されると、すぐに世界中で大評判になり、大ベストセラーになったのです。立花氏も、この本をすぐに手に入れ〝貪（むさぼ）るように読んだ〟と言っています。また、この本を読んでいたから、前記のホスピスのインタビューができたと述懐しています。

また臨死体験のテレビ番組のため、アメリカに飛んでキューブラー・ロス博士本人に長時間インタビューした時のことが述べられています。

彼女（ロス）はすでにリタイアして、中西部の田舎で小さな農場を買って一人暮らしをしていたそうです。その時の感想として立花氏は「彼女は医者にもかかわらず、死後の世界の存在、超常現象、臨死体験を信じていた人だ」と言っています。また彼女は、科学的世界観を持つ人びとの間では、死後の存在が必ずしも信じられていないということを知っていましたから、「だから私は自分の死が楽しみなのよ。どちらが本当なのか、自分で確かめられるわけですから」と面白そうに言ってクックックッと笑ったそうです。立花氏は「彼女は、本気でそう思っているようでした」と言っています。

書物によりますと、アメリカは基本的には宗教国家ですから、たとえ科学者や医者であろうと、神の存在や死後の世界の存在などを信じている人が結構いると聞いています。臨死体験の受け取り方にしても、キューブラー・ロス博士のように、死後の世界の存在証明として受け取る人も少なくないそうです。

臨死体験というものが何であるかを巡っては、死後の世界はあって、臨死体験とは、「死にかけて死後の世界を垣間見た人による体験である」と考える人もいれば、そうではなく、臨死体験などというものは「死にかけた人が見る幻覚体験に過ぎない」と考える人もいます。――完全に死んだ人が帰ってきて言っているわけではないですから。キューブラー・ロス博士は、前者の人なわけです。

三　立花氏の結言と筆者の感想

「知の巨人」とも言われた立花氏は、『臨死体験』という上・下巻各約五〇〇ページに及ぶ本で、「死」の問題について論じ、読者に訴えています。著書の内容はもちろん、取材に当たってのご苦労に対し、心から敬意を表するものです。

次に、立花氏の結言と筆者の感想を記してみたいと思います。

氏は、多くの臨死体験者が〝「死」を体験した〟と考え、「死が未知のものではなくなった」と思えるようにする役割を臨死体験が果たし、「死は恐ろしくなくなるのである」としています。

そして臨死体験を現実体験によると考えるか、脳内現象とする立場によるかで、死というものの理解が異なると言っています。すなわち現実の体験説をとる人は、「自分の体験は途中までは生から死へ移行するプロセスだったが、その生は本当に死後の世界へ一歩足を踏み入れた体験だったと考える。自分は死後の世界を一部体験してから戻ってきたのだと考える。そこに、苦しみはなく、喜びに包まれていたと感じる」のであると言っています。キューブラー・ロス博士は、〝早く死んで向こうの世界を確認したい〟と言っていますから、現実体験説の立場の人になるわけです。

一方、脳内現象説に立つ人は、「臨死体験というものは、死後の世界とは無関係であると考えており、それは、はじめから終わりまで、死のプロセスの体験であると考えているのです」ととらえています。すなわち「死までいかない生の最終段階における意識体験である」と考えているのです。したがって「臨死体験説によって、死のその部分に対する恐怖がなくなるとか、死後の世界の恐怖は、脳内現象説に立つ人は、そういうものは無いと考えている」のです。そして、「死のプロセスの最終段階のあとは〝無〟と考えているのである」といっています。「死後の世界もなく意識の存続も無い」と思っているのです。「意識を保持しているのは脳なのですから、脳の死とともにすべて終わるのだ」と考えているのです。すなわち立花隆氏は、「存在しない死後の世界について心配したり恐れたりするのは、意味がないと思っているのである。だから、脳内現象に立つ人もまた臨死体験によって死の恐怖がなくなるのである」と言っています。

この「脳内現象説の人も臨死体験によって死の恐怖がなくなる」という論理について、筆者なりに考えますと、少し論理が飛躍しているのではないかと思うのですが、どうでしょう。

脳内現象の考え方であろうと思われる人の何人かに対話しながら聞くと、やはり「死」に対する恐怖は〝ある〟というのです。

もとに戻りますが、いったい死に対する恐怖というものは何か、何に対して恐れているのか考えてみます。

死に対する恐怖というのは、誰にもあるでしょうが、本当のところ、人は死というもののどの部分に対して恐怖を抱いているのでしょう。たいていの人は、ただ本能的に死を恐れているだけで、恐怖の内容を突き詰めて考えたことはないでしょう。あえてその内容をみると、若い頃読んだ武者小路実篤が記した「俺が死んだ後、何万年も自分という存在が無いことが気になる」が思い浮かびます。

また志賀直哉は「ナイルの水の一滴」の中で、「人間が出来て何千万年になるかわからないが、その間に多くの人間が生まれ死んで逝った事実、自分もその一人として生まれ今生きている。それは悠々と流れるナイル川の水の一滴と同じだ。何万年経っても自分はこの世に生まれてこない」。さらに付け加えて「それで差し支えないのだ」と言っています。この思いは、「死によって、自分の存在がこの世から消えてしまうことに対する恐怖」「死のプロセスについての恐怖」「死後どういう世界が待ち受けているのか」などなどでしょう。そのいずれも、死が未知なるものであるが故に生まれるものと思うのです。

立花氏は最後に、番組の取材や臨死体験の大著を著した後、感想というか結論めいたことを言っています（著書『東大生と語り尽くした6時間　立花隆の最終講義』）。そこではむしろ「臨死体験こそ、死後の世界の存在を否定するものだと考えるようになりました」としていますが、死に対する恐怖心が増したかというとそうではなく、まったく逆で、むしろ様々な取材を通じて思うのは、

「死に対する恐怖がなくなった」と言うのです。

つまり「死の最後の一瞬を人間に飛び越えやすくするものとして、臨死体験を構成する諸現象を自然に体験するメカニズムが、人間の生得の心理・生理機構の一環とし組み込まれているのではないか、と考えるに至った」と記しています。具体的には、先に記しました「光の体験」とか「川の体験」「身内と会う体験」さらに「体外離脱体験」までも〝そうだ〟と言っています。

筆者は、立花氏は「死」というものの乗り越え方の結論を述べていると思うのです。それはそれで一つの解決だと思うのです。しかし筆者は、本書の後章（第九～十一章）に記す姫野公明師の不思議な験力（げんりき）、すなわち人間の魂と死後の霊の存在を信じざるを得ないと思うのです。師は常に「霊魂不滅」と説いておられました。

現に、筆者の家の仏壇に飾ってあった師の顔写真に金箔が現れ、師が筆者に何か信号なるものをあの世から送ってきているという事実があります。さらには宝篋印塔の建立祭に際して、軍人の影が現れております。また千年も昔の人と話ができるという、現代人には到底理解できないことが実際に起こっているのです。そのほかにも、数々の不思議なことが実際に起こり、現れていることは、ただ事実として認めざるをえないのです。

霊魂不滅については、柳田國男も〝手に負えない〟と言っています。論証が不可能ということでしょう。おそらく体外離脱は、さらに解明に困難な問題でしょう。筆者が思うのに、おそらく姫野公明師自身も論証はできなかったのではないかと想像するのです。まさに哲学の分野でよく使うそうですが、不可知論の範疇になるのでしょう。前述のとおり、不可知論というのは、「経験的事実だけが認識できるもので、物の本質や実在の究極的な根拠等は認識できないという論理」です。

本書のどこかで書こうかと思っていたのですが、実は、拙著『白雲の彼方　神々は招く』の監修を引き受けて下さった山口富永さんという方がいるのですが、その山口さんが姫野公明師に関する『霊は生きている』という本を刊行するにあたって姫野公明師の了解を得るため師を訪れたとき「書くのはいいが、霊魂不滅について書いてください」と注文されましたが、これに対し間接的にお断りして「私は、私の信念のもとで書かせていただきます」と言ったそうです（山口さんから直接聞いた話）。このことから想像するのに、やはり「霊魂不滅」の論証は不可能と山口さんも思われたのです。また、姫野公明師自身も論証はできないことと考えていたに違いないのです。本当に書いてほしいなら、少なくとも若干のヒント、説明らしきものがあっても良さそうです。

しかし筆者が思いますのは、修験道宗という世界はもともと教養によって理論を学ぶものでなく、自ら修行して感得する宗教で、いわゆる実践的な宗教ですから、言葉で説明することもできないのです。すなわち修験道宗というものは、論証もできない範疇のものだらけから成り立っていると思うのです。

第六章　霊魂不滅について

一　日本人の霊魂観

生を受けた人間は必ず死へ向かい、そして、その死について不安や恐怖を感じない人はいないでしょう。この不安や恐怖を乗り越える確固たるものは見当たらないのです。しかし、その死を少しでも乗り越えることに役立つものの一つに信仰がありましょう。しかし人によって、またはその信仰の深さとでも言えるものの程度によっては、必ずしも役立つとは限りません。

宗教学者の皆さんは、多くの日本人は無宗教だと言っていますが、この多くの一般の日本人が、死とか霊魂というものにどう向き合って、今を生き、歳をとっているのかを調べたものを、筆者は目にしたことがありません。

しかし、多くの日本人は盆・正月等には帰省し、外国人から見ると不思議とさえ思われるほど熱心に神社、仏閣そして先祖の墓にお詣りに行きます。そこには、先祖を敬う気持ちが根強くあるからでしょう。昔の家には、神棚と仏壇がありました。筆者の家もそうでした。家を出るとき、〝今日は頑張ってきます、お守りくださぃ〟と手を合わせました。ここに長い間、日本人にのみ培われた独自の霊魂観を感じます。

現代は、文化的で近代的で、便利で快適だけれど、〝心の拠りどころ〟というようなものがなく、寂しい気がします。そこに筆者は、何か現代の病巣を感じます。

日本人は、遺骨や遺体を大切に扱います。そういう風習は、霊魂を尊重している表れです。そして日本人は伝統的に、遺骨や遺体を損傷することを極端に嫌っています。これが、先進国の中で最も臓器移植例が少ない理由ではないかと言われています。遺体にはまだ生きている感覚があり、家族や親族からの同意を得ることが難しいのです。同じ東洋民族の韓国の臓器移植件数は多いのです。その原因は、キリスト教徒が多いからと思われます。キリスト教の世界では、亡くなった遺体は、極端な言い方ですが、単なる「物」でしかないのです。

遺体の尊重は、儒教の影響によるものと考えられています。またインドでは、〝すべてを川に流して無にする〟というヒンズー教の影響による風習があります。

仏教思想が入ってくる以前の日本では、自然を対象とする様々な神々があり、人間の霊魂は神々の世界からやってきて宿り、生まれ、神々の儀礼を通して成長して、死後また神々の世界へと帰っていく、と考えられていたのです。そのときの死体を葬る場所は、神々を祀る場所と同様、今生の生活世界と次の世界との媒介の領域であったのです。そのことを示す代表的な例として、大和の大神（おおみわ）神社の神体山である三輪山に死体を葬る場所があったこと、また近江の日吉神社の神体山である八王子山に古墳群があること、などが挙げられています。

一方、柳田國男は著書『先祖の話』の中で、「日本人の霊魂観は、神道の霊魂観に仏教や儒教の要因が加えられた形を示している」と言っています。死後、霊魂は四十九日でホトケ（仏）となり、年忌、盆などにおいて次第に浄化されて個性を失い、弔い上げ（三十三回忌、五十回忌）などの後、恵み・豊饒をもたらす祖霊と一体化する。霊魂、祖霊は、輪廻（りんね）したり浄土に往生してしまったりするのでなく、近くの山などにとどまり、年忌、お盆、正月の際に子孫の家に来訪して饗応を受ける。盆と正月は祖霊の祭りであり、盆の精霊棚は祖霊のよるところなのです。また、祖霊は山の神となり、春に山から下りて田の神となり、作物を実らせ、秋に帰っていくと考えられていたのです。日本では一般に、死後四十九日は喪に服していますが、死後すぐの霊魂は祟（たた）りやすいと考えられています。それはおそらく、霊魂が生活世界と次の世界との中間領域にあり、フラフラしているという不安定な領域にいるからでしょう。何故なら霊魂は、まだ生活世界への思いが強いからでしょう。

葬送儀礼とは、まだ魂の力が残っている死体を生活世界から次の世界へと送ることであり、まず霊魂を慰めるためのいわゆる鎮魂という儀礼を行い、さらに続いて次の神々の世界へと送る儀礼が行われます。すなわち死体も、霊魂を祀られることによって、次の神々の世界に送られます。

日本に入ってきた仏教の目的は、人間の苦悩の原因である煩悩を滅ぼし、真理を知ることにありました。ブッダ（仏陀、仏）とは「真理を知った者」の意であり、仏に成ること（成仏）が仏教の目的であるわけです。仏になれば、生・老・病・死への苦悩や不安はなくなり、絶対的平安（涅槃（ねはん））を得ることで、あらゆる囚われから自由（解脱）を得ることができます。

日本人の霊魂観に影響を与えた思想として、大乗仏教の一つ「阿弥陀信仰」がありますが、それは「死後の霊魂、すなわち阿弥陀仏の住む極楽浄土にいた人が、再びこの世に還り、人びとを教化（衆生を教え導く）して救う」という考えで、広く日本では一般的になったのです。そして、この阿弥陀仏の浄土が「十万億土の彼方にある」と、仏教伝来後の日本で独自に解釈されたのです。

死後葬式が行われる、いわゆる葬式仏教は近世になって成立したといわれています。江戸時代、幕府により檀家制度が定められましたが、そこには「キリシタンの排斥」という目的があり、宗教統制のために人びとは家単位で属する寺の檀家とされ、仏忌、盆、彼岸、先祖の命日等での参詣が義務づけられました。初めは宗派を選択する自由もあったようですが、次第に強制された仏教信者となり、仏式の葬送儀式を行い、死者の霊魂を定期的に祀るようになったのです。

日本人の心の深奥には、自然の恵みとそれに対する畏れ、そして死者の霊魂の祟りと生きている人間への守りが重なり合って内在しつづけられてきたように思うのです。そして、見えないこの自然の力と死者の霊魂を共に尊重し、日本人は長い間、感謝して、生きてきたように思います。この長い歴史の流れの中で、そうした考えが、どの時代にあっても「生きる力」「生きる拠りどころ」となっていたように思うのです。

したがって仏教や儒教といった外来の思想の影響を受けはしたものの、古代から日本人の心の深奥、根本的なところには、自然への祈りが日本独特の霊魂観として息づいてきているように思うのです。

しかし一方、近代社会になってからは、すべてが科学的に説明できなければ信ずることができないと思われる社会になってきているように思うのです。

筆者は過去に『姫野公明の奇蹟』という本を刊行すべく、地方新聞の出版部にお願いしたところ、端から断られた経験があります。その理由を聞くと、「出版部とはいえ、公の新聞の出版部であるから、信仰とか霊魂を扱う本を刊行することはできない」ということでした。現代という時代は、信仰とか霊魂とかいうものを考えることさえ、放棄した時代になっている時代だという気がします。

二　修験道における霊魂観

「オカルト（occult）という言葉を聞くことがありますが、「超自然的現象、神秘的現象」のことをいいます。また「目に見えない現象」と言ってもいいと思います。日常の生活においても「偶然」「どうしてそうなの」「何かが導き働いたのではないか」など、どなたも思うことがあると思うのです。筆者も姫野公明師の眠っている場所をお詣りしていますが、よく不思議なことがあります。

人間誰しも人生において、どん底に落ちた時、心の深奥を抉(えぐ)るように祈る時があると思うのです。そんな時、単なる心というより、その深奥にある〝何か〟によって祈るのではないでしょうか。それが「魂」のような気がするのです。

『「いのち」が喜ぶ生き方』の著者・矢作直樹氏は、「人間の〝魂〟が〝心〟に働きかけ、その〝心〟

が〝脳〟に働きかけ、行動に移させるのだ」と言っています。矢作氏は、東大病院で数知れぬほどの多くの方々が逝くのを見送られた方です。氏は「魂」について「意識の壁」という表現を使って説明しています。それは「自分で感じたこと、見たことに対して否定すること」を言っているのです。氏はさらに、一般には不思議に思われている「体外離脱」について述べています。

体外離脱については、アメリカのギャラップ（世論調査の世界的企業）の調査データで説明しています。ちょっとデータは古いのですが、人間の本質の話ですので、最近の傾向も変わらないと思われます。それによりますと、アメリカの総人口の四％（当時）の人が体外離脱の経験があるそうです（『「いのち」が喜ぶ生き方』）。四％というとちょっと多い感がしますが、相当多くの人が経験していることになります。しかし、それを理解し表現できないで否定しているというのです。それは、科学的思考が一般化されている現在では考えられない数字で、そこには自ら「常識の壁」「意識の壁」をつくり、〝なかったことにしている〟と言うのです。

古来、多くの日本人は自分の理解を超える不思議な世界に対して、何か神聖なものを感じ、納得してきていました。しかし、明治になって西洋文明――科学的文明と言っていいと思うのですが――、そういう文明が入ってきたことにより社会が急に変わったこと、〝心の拠りどころ〟というものが脅かされてきました。すなわちこの科学的文明が入ってきたことで、「物事はすべて科学的に証明されなければ納得できない」という考えが支配するようになり、さらに「合理主義、拝金主義などこそが王道」と考えてしまったような気がします。現代社会の人の人気は、その延長線上にあるように思うのです。

明治の初め、伊藤博文一行が西洋で学んだ思想が日本人の心の深奥にまで触れ、変えてしまい、それがそのまま現在に至るまで続いているのではないかと言われています。それまでは、日本人固有の見えない不思議な世界に対する思いや、山や森の神秘的な存在などが、一般に信じられていたのです。言うなれば、西洋的な歴史観に傾倒して、本来日本人の心の根底にある「霊魂の話」「霊性の話」「あの世の話」などに対する考えが壊され、変えられていったのです。それは、明治の初めに急激に西洋文明が入り込み、日本人が夢中になって同調してきた結果なのです。

評論家の内橋克人氏は〝今の日本人には頂点同調主義という性格がある〟と指摘していますが、この時点から植えつけられたように思うのです。さらに戦後において、ＧＨＱ（連合国軍最高司令官総司令部）により、それまでの日本人の心は、さらに変えられていったのです。

日本人は、自分の存在を認識するのを忘れるほどに、様々な自然現象――風に揺れる木々、そしてその臭い、新緑、紅葉した木々、鳥のさえずり、虫の鳴き声等々――に対して、人間の持っているすべての感覚を通して幸せを感ずるとともに神聖なものを感得することができます。その〝感ずるもの〟とは、人間の脳とか心というものとは、ちょっと異なる〝何か〟であると思うのです。筆者なりに思いますのは、それが「魂」であり、そのとき「魂」は喜んでいると思います。この自然から感ずる「魂」を集中させ、高度に研ぎ澄ますところに修験道があり、修行により何かを感得するのです。ですから、自然から感得される修験道というのは「〝魂〟を研ぐ修行」であるのです。

「人間はもともと生まれ落ちて二〜三歳くらいまでは〝魂〟の世界という見えない世界が見える」と言う心理学者もいます。バージニヤ大学の大門正幸客員教授の論文「魂の不死性に関する哲学的考察」に出会いました。教授は同大学の精神行動科学知覚研究所で研究されていた方です。同教授から下記著書をお送り下さり有難く頂戴したところです。この本には子供の過去生の記憶について具体的かつ詳細に例をあげ述べられています。（なぜ人は生まれ、そして死ぬのか　大門正幸著　宝島社）

バージニヤ大学は「人間の意識（魂）が死後も残る可能性について経験科学の立場から探究することを目的とし世界的に権威のある大学だそうです。

子供は「魂」の世界を見えても残念ながらこの「魂」が見える人間の力は、様々な情報や環境などの外乱を受けることにより、成長に連れて失ってしまうのです。しかし、大人になっても外的要因とでもいうものを除き集中することにより、「見えない世界」が見え、感ずるようになるのです。それが修験道なのです。

修験道は、自らを厳しい状況に置き、精神を集中、統一させることで「霊験力」を感得するのです。それは、修験道において「回峰修行」あるいは姫野公明師のように「籠もり修行」された人が感得するものなのです。しかし、全部の方が必ず「験力（げんりき）」を身につけられる、というわけでもなく、力の程度にも差があるようです。

本書で著す姫野公明師という人は、子供の頃には「貴方は甲がいくつ、乙がいくつ」と友達の通信簿の中身を正確に当てて、周囲をびっくりさせていたような人ですが、師のように、生まれた時に持っていた「見えない世界」を感じていた、ある種の特殊な人が、さらに厳しい修行を重ねることにより「験力」を身につけることができるような気がします。したがって吉野、熊野あるいはほかの霊山と言われる山地での修行や、前記の「千日回峰」「百日回峰」などを実践した人であっても、必ずしも人を救済するほどの験力を身につけている、ということではなさそうです。

験力というのは過去、現在、将来を見通すことができることです。また本書で著す姫野公明師という人は、それに加えて霊の世界も知見できた人でした。読者の皆さんには信じられないことと思いますが、事実です。過去の事実、現在の様子、将来の予想について、人間の持っている感覚というか、生物がもともと持っている感覚を研ぎ澄ませることにより、感得できるのでしょう。そして姫野公明師という人は、生まれながらに持っていた神慮に叶った力を、さらに修行により験力として身につけることができたのです。したがって、修験道の世界では、験力すなわち霊の世界は認められていることになりましょう。

「見えない世界」について、人が亡くなると日本人はよく「ご冥福をお祈りします」と言いますが、これは亡くなった人の冥土（冥界、あの世）での幸せを祈るのです。ですから日本人は古来、見えない次の世界を認めていたのです。日本人にはもともと「見えない世界」「次の世界」に対して畏敬の念があったのです。〝人間は必ず死を迎える〟といったすべての現象の中には「自然の摂理」とでもいう〝何か〟に支配されていることを感じているのも、日本人ではないでしょうか。日常生活の中で常に感じているわけではないのですが、人が亡くなったり、自然災害などで多くの命が失われたニュースを聞くにつけ、そうした思いを感じているのではないでしょうか。

明治維新、西洋の文化が入ってくると、その段階で宗教に関する国家の政策が新しく出されます。一番重要な役割を果たしたのは伊藤博文です。伊藤博文一行はヨーロッパに行って政治、経済、文化、宗教など多方面にわたって学び、明治の青写真を描き始めるのです。彼は、ヨーロッパの近代社会を支えているのはキリスト教であることに気づき、日本のこれからの国家社会をつくるにはどうしたらいいか、ということを考えたのです。そういう発想で明治憲法をつくったといわれています。彼は、ヨーロッパの近代社会におけるキリスト教に当たるようなものは、もう日本の伝統的な宗教にはないと思ったのです。仏教にその力もない。神道もすでにそういう権威を失ってしまっていると考え、思い立ち、それに代わるものとして、結局、皇室の問題を持ち出してきたといわれています。

そこで伊藤博文等が起草した「大日本帝国ハ萬世一系ノ天皇之ヲ統治ス」の大日本帝国憲法の第一条が生まれたのです。要するに彼は、〝日本の伝統的な宗教には、もはや権威などない〟と考えていたのです。そういう考えになったのは、「ヨーロッパのキリスト教がもっている圧倒的な影響の強さというものを自分の目で見てきたからだ」と司馬遼太郎氏は指摘しています。

その後、日本の知識人、指導者というのは多かれ少なかれ、みんなこの思想の影響を受けて今日までてしまっていると、司馬遼太郎氏や宗教学者の山折哲雄氏が言っています。それが、今日における漠然とした日本人の無神論的な心情に繋がっていると言うのです。

また司馬氏と折口氏は「萬世一系ノ天皇」だけでは、近代国家の精神基軸としては非常に弱い、堅固な中心軸と言えないという懸念があったと言っています。その強化策として、伝統的な神道の中の儀礼の部分を取り出し、切り離して、天皇を中心とする祭りのシステムをつくり上げたというのです。したがって、〝このシステムは宗教でない、祭祀である〟と言い逃れたというのです。一般に〝宗教と祭祀の分離政策〟といわれるもの、いわゆる「政教分離」です。祭祀は宗教ではないのですから「天皇制」を主張でき、「儀礼として活用してよい」という理屈になり、その結果、「伝統的神道は天皇儀礼と一体化したのではないか」とお二人は言っています。その結果、富国強兵政策などとあいまって、勝ち目のない戦争へと突入していったのではないでしょうか。

話をもとに戻しましょう。多くの日本人は心の深奥で神、アニミズム的（自然界の諸物に霊魂、精霊などの存在を認める）なことを思っている人が多いと思います。前記しました矢作直樹氏も言っていますが、確かに周りの日本人を見ても、それぞれの教義を完全に理解し宗教活動をしている人は少ないのではないでしょうか。形として寺や神社で手を合わせていますが、半信半疑だというのが本音ではないでしょうか。正月には、明治神宮をはじめ多くの神社仏閣に初詣でに行く人が多くいますが、やはりこれは有史以来、日本人のＤＮＡに刷り込まれた魂のためだと思うのです。

また、盆には多くの人が都会を脱出して故郷に帰り先祖に手を合わせます。やはりこれも、先祖の霊というものの存在を信じているからでしょう。

先祖のことについて柳田國男は、著書『先祖の話』の中で、日本人が他界を身近にとらえていた四つの理由を挙げています。

① 霊は身近にとどまり、遠くには行かないと思われていた
② 顕幽二界の交通が頻繁で、どちらかの意により免れるのに困難はないと思われていた
③ 他界するときの念願が、死後に達成されると思われていた
④ ③のために、転生して自分の願望を続けようと思った者が多かった

この考えは、人の霊というものを認め、その霊が別の肉体に宿り、今生に生まれるという「転生」を信じていることを述べているのではないでしょうか。

また柳田氏と同じ民俗学者の五來重（ごらいしげる）氏は

古来、日本人は山や海の彼方に死後の世界を想定し、古代神話ではこれを常世（とこよ）と呼んでいた。仏教渡来以後、来世で地獄に落ちないために罪滅ぼしとして寺の建築や仏像の建立、巡礼や遍路、そして追善供養など様々な社会奉仕を行った。

と述べています。

三　修験道は日本宗教の礎

欧米人は基本的には移民の民族であり、一方、日本人は地形的に恵まれ、何千年も同じ国土に住んでいる民族です。その日本人は古来、自然に恵まれ、自分も自然の一部であることの認識をもっていたのです。

また、一神教であるユダヤ教、キリスト教、イスラム教等は、言うなれば彼ら信者同志の争いの歴史と言ってもいいくらいです。何故彼らは互いに憎しみあい、争うのでしょう。現在でも、毎日というくらい、その争う状況が報道されています。私たち日本人には〝なぜ、そこまで？〟と思っている人が多いと思います。そこには、彼らの信じている「主」の啓示があります。その啓示は神が示したもので、信者にとっては超越的、絶対的なものであるからです。しかも他の神を排斥すると、自分の神に忠誠を尽くしたことになるからです。その歴史が、現在も続いているのです。すなわち、自分の信じている主の教典によりそれを守り、その神に従うことが最も大切なことなのです。したがってそこには、他の宗教を排斥する論理が生まれ、争いが生じます。

日本の宗教は、山や森から生まれたいわゆる自然崇拝の宗教です。一方、キリスト教は自然を支配し征服することを対象としています。ここに歴史的な宗教同志の相入れない根があるのです。日本人は、異なる同志の人たち、すなわち神道、仏教、修験道あるいはキリスト教の信者の人たちとも仲良く頂上を目指して登ることができるのです。特別な小地域の宗教は別として、このことは世界においても特別な存在のようです。世界宗教者平和会議が京都で行われたことがありますが、一神教同志の争いの調停役に日本の宗教関係者の皆さんの活躍が期待されていたのです。

その日本の宗教の中でも、特に本書で著す修験道宗は自然崇拝から生まれたもので、仏教、儒教、陰陽道等の影響を受けている、すべての宗教を取り込んだ宗教なのです。

宗教の成立の仕方には二種類があります。

・教祖（開祖）が自ら、または弟子などの人間が補い書かれた教典があるもの

・教祖（開祖）、経典に当たるものが存在しない、あるいは修験道宗のように極端に少ないか不明のもの

前者は、開祖の考え方または神から啓示されたものであり、ユダヤ教、キリスト教、日本における各宗派がそれです。一方、後者は教義教典というものがありません。開祖も不明の場合があります。神道はそれです。修験道宗の開祖は、歴史的に役小角ということで考えられています。確かに伝承からすると、験力（げんりき）があり修験者に崇められて開祖ということになっていますが、これは後にその験力故に開祖とされたものです。

修験道という宗教は、自らが身体をもって感じ、そして信ずる宗教なのです。したがって、修験道宗は論証できないものから成り立っているのです。同様に神道もまた、理屈で説明がつかないも

のを信じることから始まっています。ですから、欧米の人から「あなたの信仰している宗教は？」と聞かれた日本人が、なかなか返答に困るという話をよく聞きます。

日本人が、日の出や何百年も生きて来た大木に対し注連縄（しめなわ）を張り、手を合わせるとき、何かを感じ、抱いているこの感覚というものは、太古からそのまま日本人の心奥、ＤＮＡに刷り込まれているのです。筆者は、こうした光景を年の初めなどに見るにつけ、「日本人とは、なんと幸せな民族なのか」と、いつも思うのです。

四　霊魂に思うこと

（一）霊魂を感ずる生き方

書の巨匠のニックネームで「知の巨人」とも言われ、近年お亡くなりになりました立花隆（一九四〇〜二〇二一）氏は、一九七四年、文藝春秋に「田中角栄研究─その金脈と人脈」を発表しました。筆者もこの発表に強烈な印象をもった記憶があり、その後の著書の内容からしか判断はできませんが、〝世の中にこんな凄い人がおられるのか〟と思っていました。

この立花氏は、「歳をとってくると、だんだん夏休みの終わりが近づいてきた子供のような気分になってくる」と言っています。常に膨大な仕事をしてきた方だけに、まだ多くの宿題が残っていることでしょう。筆者も歳だけは立花氏とほぼ同じ年齢になりますが、八十を超えると、そう思います。同時に、こんなに永く生きるつもりもなかったようにも思うのです。「人生一〇〇年時代」などと言われ、平均寿命が延びているようですから、筆者もこれにあやかりたいと思っているところです。

しかしそうは言っても、現実の歳を考えると、残りの時間をどう過ごしたらよいものかと毎日考えます。そして、次のステージはどうなのかとも思います。歳をとると、どなたも同じように思うのではないでしょうか？　仮に、これから少しばかり長生きできたとしても、その長さにはそう大きな違いはないでしょう。

今、私は自分を分析してみると、既述のとおり姫野公明師という人が常に頭にあり、いまだに身近にいる感覚がしています。普通の人には理解ができないでしょうが、心の底からそう思うこの頃です。姫野公明師という人は、直接することができたのはほんの一時期の短い時間でありましたが、私にとって偉大な存在であり、〝人生の師〟そのものであったような気がしています。

それは、私が今まで生きてきた道筋をこの歳になって振り返ると、何かすべて姫野公明師という方により導かれた人生になっているような気がします。不思議です。不思議な存在です。入定してからも私に語りかけているような気がするのです。「神に口なし、人に口あり」の如く様々な表し方で、生きるヒントを語ってくれています。これから訪れる人生という旅の終わり「死」というものをどう乗り越えられるか、師の教えに期待しているところです。

ここで姫野公明師という人が、生きている時にどういう考え方で、また何をしたのか著し、世の皆さんに問うてみたいのです。

もともと姫野公明師は名利を極端に嫌い、今で言うマスコミ等にはまったく応じなかった人であったことは、残された姫野講の皆さんの思い出から伺うことができます。

中国の道教の祖、老子の『道徳経』に「和光同塵（わこうどうじん）」（きらびやかな才知などの光はぼかし、目立たないよう俗世間の中に同化するのが良い）という言葉がありますが、これは修験道の考え方でもあるのです。姫野公明師は、修験道の中で自分を立志して、人のため世のためになる生き方をしたのです。

この生き方に徹し、佐藤栄作総理大臣の相談にも応じ、陰で導き、沖縄の施政権返還に貢献している事実があります。しかし、このことは隠密に進められたので世の中には知られていません。お二人（佐藤総理と姫野公明師）ともマスコミや世の中に発表もせず、次の世にもって逝っているという事実があります〔詳細は『姫野公明の奇蹟』（ほおずき書籍）を参照〕。

筆者がまだ一〇代の若い頃、姫野公明師が「泰雄さん、祈るとき手を合わせるということは神と一緒になるということよ」と言っておられたことが思い出されます。その時は「そういうふうに考え、解釈するのか」くらいにしか受け止められなかったのです。今考えると、精神統一して祈るということは、魂と心が一つになること、すなわち思い祈るその短い時間は、【魂＝心】というのだと思うのです。修験道における千日回峰、籠もり修行においても、心と魂が一つになる状態から霊験力を身につけられるのです。ですから修験道の世界では、魂に近い霊、すなわち【魂＝霊】であることを認めているのは、当然なのです。

最近、「パワースポット」という言葉をよく聞きます。そこは、何らかの理由で誰もが強いエネルギーのようなものを感じる場所を言うのでしょう。そういう意味では、伊勢神宮に数年間、毎年行った経験がありますが、ご存じのとおり五十鈴川で手を清めた後、砂利石を踏みながら境内に入りますと、そこには凛とした空気が澄み渡っており、頭の先から手足の先まで何かによって痺れるような感覚を覚えます。奥へ進むにつれて足元の砂利石を踏む音さえ、何か語りかけてきて、身が引き締まる思いがします。参道脇には樹齢七百年という杉の大樹が聳え立ち、神宮の歴史と生命の凄みをひしひしと感じます。

ちょうど二〇一三年、式年遷宮が行われました。地元神社の氏子を仰せつかっていた関係上、普段見られない遷宮の状況を見せていただき、感動したのを覚えています。

パワースポットを探すに当たって、自分の身心と魂が喜ぶ場所としては、必ずしも伊勢神宮のような場所でなくてもいいのではないかと思います。気分転換のための「気持ちの良い場所」でいいのです。その場所で、自分の今の存在に感謝する気持ちを、自分が感ずる見えない〝何か〟に伝えることです。

そう言えば、森林浴が身体に良く、気持ちがいいのは、身体に良いとされているフィトンチッド（殺菌力をもつ揮発性物質）が木々から出ているためと言われています。

耳慣れないこの言葉が、真新しい響きをもって森林浴ブームを促しています。樹木が、周囲の微生物など、様々な外敵から自身を守るために発散する殺菌作用のある芳香性物質（テルペン類）のフィトンチッドは、シラカバやカシの木に多いそうです。人が、森の中でこのフィトンチッドを多量に吸収するとき、そこには多大の効用が生まれるのでしょう。

千年を超える昔から、山に入って行（ぎょう）を営んできた修験者は、理屈抜きにこのフィトンチッドの存在を知っていたに違いないのです。そして、修験者は体験として、この効用を知り尽くしていたのです。

宮沢賢治は、フィトンチッドが出ている場所によく行ったのでしょう。彼の詩にあります。

さうです　農場のこのへんは
まつたく不思議におもはれます
どうしてかわたくしはここらを
der heilige Punkt と
呼びたいやうな気がします
この冬だつて耕耘部まで用事で来て
こゝらの匂のいゝふぶきのなかで
なにとはなしに聖いこころもちがして
凍えさうになりながらいつまでもいつまでも

いつたり来たりしてゐました
さつきもさうです

【「小岩井農場（パート九）」より抜粋】

宮沢賢治は「農場のある場所を〝der heilige Punkt〟（聖なる地点）と呼びたい」とし、それは、ここに立つとなぜか「なにとはなしに聖いこころもち」がするからだと言う。この小岩井農場からは、「岩手富士」「南部富士」とも呼ばれている岩手山がよく見える。そして彼は、森や山に行って歩き進めば、樹木や岩石塊が織りなす地形空間の密度や気配がそれぞれの地形ごとに独自に構成され、変化していることが、より一層明白になるという。

「樹木は特別な意味をもって皆、生きている。樹木は言葉を発し、瞑想的な意識を発達させる存在である」

とも言っています。

私たちは、自分は何故こういう立場、状況下にあるのか、人間は何故生まれ、そして誰も死んでいくのか、どうして今、ここに生を受けて存在しているのか、誰しも思い考え、感ずることでしょう。その意味を見出すべく探すことの大切さを、認識することです。それを求めて探していくと、人間の生死の問題、死後のことについて、考えざるをえないのです。見えない世界があること、魂、心、体が快く自分という人間を生かしている何か（神や神仏、人によって先祖）に感謝することが大切なのです。私たちは、自らだけで生きているのでなく「生かされている」のです。このことは、ご自分がどんな状況（最悪な状況）でも、心にとどめておくことが大切だと思うのです。そういう気持ちが何かに通じ、導いてくれるように思います。

神の存在を認めず〝厄介もの〟にしていた人が、大病を患ったり事故に遭って生死の間をさまよった経験を経て回復し、日常生活に戻ると

「自分は何かによって生かされているのかも」

という言葉を口にすることをよく聞きます。筆者も、会社勤めのなかで命を落としそうになったとき感じました。今もこうして家族を持ち、曲がりなりにも普通の生活をできていることに、常に感謝しながら日々過ごしています。

（二）霊魂不滅

東大病院で救急医療に従事し、医療の最先端に身を置きながら多くの人を看取った医師である矢作直樹氏（本章「一　日本人の霊魂観」参照）の著書『いのち」が喜ぶ生き方』によりますと、病気の原因には二つあります。

それは、「肉体が病んでいる場合」と「魂（見えない体）が病んでいる場合」だと言うのです。現在の医療技術は、前者に対する治療策として前進してきたわけですが、後者に対するアプローチは日の目を見せません。氏は、

「手術や投薬で対処するのか、魂にエネルギーを送って対処するのか、その視点が無い限り、病気の根本治療はない」

とまで言っています。また、「私たちの本質は魂である」と言っています。

姫野公明師は、事あるごとに「人間には魂があり〝霊魂不滅〟」と言っておられました。この「魂」とは、いったいどうとらえたらいいのでしょうか。浅学筆者なりに思いますのは、私たち日本人のDNAには有史以来、汎神論（一切の存在は神であり、「神と世界は一体」という宗教観）にあるように見えない世界、とりわけ人間の五感で感ずる世界が刷り込まれていますが、私たちのこの五感のほかにも、〝何か〟あるように思うのです。それが「魂」だと思います。私たちが神秘的な場所、たとえば樹齢が何百年にも達するような大樹の森に行き、そこに身を置いたとき、自然に対し何かを感じます。

その感ずる感覚は、言葉では確実に表現できません。この表現できない感覚が「魂」だと思います。前記しましたが、科学でいうフィトンチッドを感ずるところが、人間の「魂」なのです。両手、腕、両足の先端から頭のてっぺんまで、身体が単に痺れる感覚とはまた違う感覚、心の深奥に伝わってきて、それが「魂」を通じ身体を喜ばせ、震えさせている感覚でしょうか。——言葉で正確に表現できない感覚です。修験道を極めようとする皆さんは、この感覚に磨きをかけるのです。

これもまた前記のとおり、生まれて三歳ぐらいまでの子供には、霊的能力というか「見えない世界」を感ずる能力を秘めているケースも少なくないという研究があり、認められているそうです（矢作直樹氏による)。そして、その人間が成長するにつれて、様々な情報を外的環境から受け取るので、その影響からそれぞれの価値観が成長し、上書きされていきます。幼少の頃には感じていたはずのものを感じなくなるのが、成長に伴うマイナスの側面だということになります。その「見えない世界」を知見できる力を大人になってから取り戻すことを可能にするのが、厳しい修行なのです。ただし力の差があり、人によって異なるようです。

日本人にはもともと、この「見えない世界」への畏敬の念があります。その一つに前記「汎神論」があります。すなわち、すべてのものには心があるという考え方です。また一方、日本人にはアニミズム的な考え方をもっている方もいるかもしれません。生物、無機物を問わず、すべてのものの中に霊魂もしくは霊が宿っているという考え方です。神社仏閣に行きますと、形の整った岩などに注連縄（しめなわ）が張られているのが、その例です。

神道の道は「随神の道（かんながらのみち）」とも言われています。ご存じのとおり、この神道には教典や具体的な教えはなく、開祖もいません。神話、八百万の神、自然や自然現象などに基づくアニミズム的、祖霊崇拝的な民族宗教ということになります。いわゆる神々の計らいに添う森羅万象や魂に対し、畏敬の念を抱きながら生きる神道、そしてそれを信仰の対象として古くから考えてきた日本人の感性は素晴らしいと思うのです。このことが、世界の人が日本人の行為に対し、尊敬の念をもつことの理由の一つでもあるかもしれません。

日本人は、もともと農耕民族です。一か所に定住して農業により、家族など集団を支えてきました。ところが、西洋人は歴史的に遊牧民族です。それに対して天候に左右され、自然とのかかわりの中で生きてきたのが日本人です。そこには、自然発生的に自然崇拝が生まれ、この自然崇拝と同時に日本人は先祖を大切にしてきました。

ところで、仏教には輪廻転生（りんねてんしょう）という考え方があります。「人は何度も生死を繰り返し、新しい生命に生まれ変わる」という考えです。では、キリスト教の場合はどうかと言えば、先祖は宗教上、重要な位置づけではありません。崇拝するのは「主」です。人生も一回きり、輪廻転生などの考えはまったくありません。

キリスト教、イスラム教、ユダヤ教、これらはみな一神教です。前記しましたように自分たちの「主」を崇拝し、他の宗教の「主」は関係ありません。宗教によっては、他の宗教を排斥することによって自分の「主」に対し忠誠を誓うという教えさえあるのです。ですから、一神教同志の争いが生じるのは当然です。歴史家・ハンチントンの言っている「文明の衝突」です。その繰り返しです。日本人には、感情的に理解しがたいところです。

それは、それぞれの神が人間に啓示しているからです。すなわち神が、人知を超えた真理を人間に現し、示しているからでしょう。その啓示もほとんど「主」の死後、弟子等により書き加えられることによって、現在の教典が確立されています。

日本の国土は自然に恵まれていて、そこから自然発生的に生まれた自然崇拝が基本にありますので、厳しい修行により験力を身につけられた姫野公明師という人は、自然崇拝をベースにした修験道により生きてきた人です。修験道は、日本の宗教すべてを取り込んだ宗教と言ってもいいことは前記のとおりです。

筆者の父は、筆者からみて信心深い人間でしたが、よく「神は皆同じ」と言っていました。富士山の頂上に行くのにいろいろな道程（みち）があるように、登山者全員がまったく同じ道を行くわけでありません。時には一緒に、時には道程を争うこともありましょう。それが一神教同志の争いなのです。いわゆる、宗教は「万教同根」です。根のところは皆、同じなのです。

宗教同志のこの争いというのは、根のところでしっかり教育されて――というか思いこまされて――いるので、相手に譲ることはできないのです。日本人の場合、多神教で神も仏もあり、多くの家の中には神棚も仏壇もあります。宗教が異なる多神教では、他の宗教を尊重し、争うことはしません。様々な宗教がある日本では争うことはしません。しかも日本においては、古来ある仏教の世界にキリスト教ほかの宗教が入ってきたわけですが、争いなどは生じていません。そこには日本人の「万教同根」の考え方が基本にあるからです。

私たち個人において、どう振る舞ったらいいかと言いますと、それは〝神意を感じ生きること〟です。宗教や宗派に関係なく、〝何か大きなものに包まれ、今、生きている〟ということを感ずることが大切なのです。確かに仏教においても、様々な教典があり、理解が難しいものが多くあります。おそらく僧侶の人たちといえども、これらのことを理解した上で見えない世界を信じ、認識している人は、そう多くはないのではないでしょうか。

「鎮魂帰新（ちんこんきしん）」という言葉がありますが、「心魂を鎮静して精神の統一を行い、神がかりの状態にまで昇華して神人合一すること」です。姫野公明師は、筆者が若い頃「私は死んだら伊勢に行って神（神格化）になってあなたとお話しできます」と言っていたのです。師はまさにこの「鎮魂帰新」の領域に達し、入定した人です。二〇二一年、入定後五〇年になりますが、それ以来、筆者が困ったときにヒントを与えてくださり、導いてくれています。不思議です。そこに姫野公明師という人の霊による神意を感じるのです。

人間には、「五感で感ずる世界」と「人によって見えない世界を感ずる人」がありますが、これについて、前記した矢作氏は分かりやすく説明しています。

> 私たちは肉体という一つの存在の塊だけで構成されているのではなく、いわゆるまだ同定（どういうものか見定めること）されていない世界があり、ある周波数をもったエネルギー体から成り立っており、この周波数が高くなるところ（高次元）まで目にみえなく「体」が重層化されて存在している。

これを魂だと言っています。したがって人間には、「肉体と魂」が多層構造的に存在していると言うのです。そして「心」というのは、「この魂が肉体である脳を通して行う精神的活動である」と言っています。そうしますと、人間には魂が宿っており、この魂が心や肉体を操っているということになり、人間は「魂」と「心」と「体」から成り立っていることになります。そして、生きているとき人に入っているのは「魂」、亡くなったら「霊」として存在しているのです。

筆者が思うのに、この魂の次元（矢作氏が言っているエネルギー体のレベル）は人によって異なるのです。次元の高い人は、姫野公明師のように生きているときは「見えない世界を知見できる」のです。そして死んだ次の世界からは、「霊となって現実の世界を見ることができ、ときに人を導いてくれる」のだと思うのです。筆者は、この力の差は生きているときの魂の次元のレベルの差であると思います。すなわち修行などにより験力を得た人間あるいは特殊な人が、霊界から力の差となって現れるのです。ここに、姫野公明師が常に言っていた「霊魂不滅」というものの存在があるように思うのです。魂の次元のレベルは、生前の修行によって上げることができるのです。普通の人間、ましてや無神論者には、霊からの信号を発することは難しいと考えます。

この考え方と同じであろうと思われるものに、生命哲学の分野から見たゲーテの考え方の中で出会いました。それを記しておきます（『ゲーテにおける生命哲学の研究』岸・ツグラッゲン・エヴェリン）。ここで急に、一般には詩人として知られているゲーテを登場させましたが、実はゲーテは十八世紀の詩人であり高級官司史であり、さらには自然研究者であったのです。膨大な自然科学コレクションを収集分析、自然科学分野に関する論文も執筆して、当時の最先端の科学に通じていました。

ゲーテについて、自分の秘書的役割をしていたエッカーマンという人が次のように述べています

（『ゲーテとの対話（上）』）。

「七十五歳にもなると」と彼（ゲーテ）は、大変朗らかに語りつづけた、「ときには、死について考えてみないわけにはいかない。死を考えても、私は泰然自若としていられる。なぜなら、我々の精神は、絶対に滅びることの無い存在であり、永遠から永遠に向かって絶えず活動していくものだとかたく確信しているからだ。それは、太陽と似ており、太陽も地上にいる我々の目には、沈んで行くように見えても、実は決して沈むことなく、いつも輝き続けているのだからね」と。

「太陽」を「人間の霊魂」と例えており、ゲーテはここで「精神」という言葉を使っていますが、「霊魂」と同じ意味で用いています。この比喩では、太陽が人間の霊魂であり、よって日の入りが死であり、日の出が霊魂の生まれ変わりです。太陽は、沈んで見えなくなっても存在し続けている。すなわち「地上にいるわれわれの目」には見えないが、人間の霊魂が死後にも存在し続けるということを、ゲーテは主張しているというのです。

さらにエッカーマンとの対話の中で、ゲーテは霊魂不滅と輪廻について、

私は、われわれの永生については、疑いをさしはさまない。自然は、エンテレヒー（完成態）

なくして活動出来ないからね。しかし、だからといって、われわれ誰もかれも同じように不死というわけではないのだ。未来の自分が偉大なエンテレヒーとしてあらわれるためには、現在もまた偉大なエンテレヒーでなければならない。

と言っています。言い換えれば、ゲーテは「霊魂が常に生まれ変わる」と思っているのですが、「来世に偉大なエンテレヒーとして生まれ変わることができるためには、その前に、今世において偉大なエンテレヒーでなければならない」と考えているのです。したがってゲーテは、今世においてこの霊魂を磨き、大きく成長させることができるならば、来世においても同様に成長した霊魂に生まれ変わることができると考えて（信じて）いると言っていいと思うのです。この考えは前記した魂の次元のレベルを上げることと同様だと思うのです。

注：エンテレヒー（Entelechie）とは哲学用語で「完成態」という意味です。もともとアリストテレスの使った言葉で「あるものの内在する可能性が実現した状態」のことを指します。難しい概念ですが、比喩的に言いますと植物の種子を可能態（Dynamis）とすると、その可能性が形になった木の状態が完成態（＝Entelechie）と考えると分かりやすいでしょうか。

ゲーテといえば小説「若きウェルテルの悩み」を思い出す人が多いかもしれません。彼は恋愛詩だけでなく広く叙情詩、叙事詩など多彩な傑作を残しています。ゲーテについては世界中の多くの研究者が紐解き研究されており、永遠に繰り返し読まれるでしょう。

すこし横道にそれますが、筆者がゲーテのある詩に感動し、暗記するまで復唱した思い出のある有名な詩についてちょっと記しておきます。

晩年のゲーテは一八二九年二月十日前記したエッカーマンに向かってこう述べているのです。「詩的な才能がワイマイル初期の十年間は政治の現実と葛藤を起こし詩作において見るべきものを産まなかった」だからついに「イタリアへ逃亡して詩的創造力を再び得たのだった」と述懐しています。ゲーテはこのとき、身も心も疲れ果てていたのです。

ワイマイル公国では政治的な重臣ポストにつき行政に当たって、鉱山委員会、軍事委員会、道路建設委員会の長に任ぜられており、職務もあってしばしワイマイルから遠くないイルメナウという町に出かけたのです。このイルメナウの西南の地に、あたりではひときわ高いキッケルハーンという山（一八六一メートル）がある。ほとんど平野のドイツにしては高い山です。

三十一歳のゲーテは、この山頂からすぐ下の狩人小屋に一泊したのです。秋の夕景を山頂から眺め、小屋に戻ってから「即興の詩」を山小屋の板壁に鉛筆で書きつけたのです。

すべての山々の頂きに
静かさが広がり
樹々の梢を過ぎ行く
かすかな風も

今はほとんど落ちた。
鳥たちは森に沈黙する
おお、待つがいいほどなく
お前もまた安らぐだろう

ゲーテ

なんとすばらしい終わりの二行でしょう。ゲーテの世界でしか出会うことのない言葉かもしれません。多くの方が感動しているように筆者もそうでした。

その後、時間は容赦なく過ぎ、ゲーテは死の前年一八三一年八月二十七日八十二歳の誕生日の前日、孫を連れてたまたまこの山小屋を訪れたのです。五十年まえに書きしるした詩を想いだし、消えかかったそれを見たとき、死期の近いのを感じた詩人ゲーテは「おお、待つがいいほどなく、お前もまた安らぐだろう」と繰り返しつぶやきながら、涙のとどまるところを知らなかったというのです。

この詩のドイツ語の訳に詩人、翻訳家の上田敏（一八七四〜一九一六）はじめ多くの方々が訳されています。どなたの訳か忘れましたが、筆者はこの訳詩が好きです。今、年齢を考えて早く東京のゲーテ記念館を訪れたいと思っているところです。

五　霊性の偉人

（一）鈴木大拙の霊性

鈴木大拙（一八七〇～一九六六）は禅についての著作を英語で著し、日本の禅文化を海外に広く知らしめています。文化勲章を受章した仏教学者で日本学士院会員、著書一〇〇冊のうち二三冊が英文のものであり、梅原猛氏は「近代日本最大の仏教学者」と称しています。

鈴木氏は全集第七巻『仏教の大意』の中で、宗教全般についての感想と同時に我われの世界について次のように言明しています。

宗教は誤解されがちです。仏教も一つの宗教であります。それで又外の諸宗教のやうに、生活そのものと何ら直接の交渉をもっていないと考えられることが往々にしてあります。宗教が無くても生きて行くに何ら差し支えがないと云ふ者が随分います。ひどいのになると宗教はただの迷信でしかない、極楽があろうが、地獄があろうが、そのようなことには、自分等は全く無関心だと云ふのです。またひどいのになりますと……宗教は群衆を酔わす阿片だ、資本家や官僚はそれを使って群衆を自分の意のままに盲動せしめて居るのであると。少なくとも、宗教排斥者は、神を利己的祈りの対象に過ぎないものと見ているのです。

普通我等の生活で気のつかぬものがあります。それは我等の世界は一つではなく二つの世界だと云ふことです。さうしてこの二つがそのまま一つだと云ふことです。二つの世界の一つは「感性と知性の世界」、今一つは「霊性の世界」です。これら二つの世界の存在に気のついた人でも、実在の世界は感性と知性の世界で、今一つの霊性的世界は非実在で、観念的で、空想の世界で、詩人や理想家やまた、いわゆる霊性偏重主義者の頭の中だけにあるものだと決めているのです。霊性的世界は実在する。それは決して空想の産物でない。

鈴木氏は私たちが感ずる世界を「感性と知性の世界」と「霊性的世界」とに区別しています。しかし、同時にそれは二つの異なる世界ではなく、一つの世界だというのです。さらに氏は、こう続けます。

しかし宗教的立場からみますとこの霊性世界ほど実在性を持ったものはないのです。それは、感性的世界に比すべくもないのです。一般には後者をもって具体的だと考えていますが事実はそうでなくて、それは吾々の頭で再構成したものです。霊性的直覚の対象となるものではありません。感性の世界だけにいる人間がそれに満足しないで、何となく物足らぬ気分に襲われがちであるのは、そのためです。何だか物でもなくしたような気がして、それの見つかるまで様々の形で悩み抜くのです。即ち霊性世界の真実性に対する憧れが無意識に人間の心を動かすのです。

この部分を理解するのは奇異に感じるかもしれませんが、『霊性の哲学』（角川選書）の著者、若松英輔氏は助け船を出しています。

> 人は皆、日々、世界を経験しているが、その人の感覚によって世界を限定的に認識しています。画家の眼と、そうでない者の肉眼の働きが異なることは、言うまでもありません。
>
> ある日本画家にとって桜は美の象徴であり、絵のモチーフに成るでしょうが、あるものにとっては喪（うしな）った愛する者を即時的に想起させるかも知れません。同じものを見ても人は違うように感じています。勿論重なり合い通じ合う部分も少なくないですが、しかし、絶対的に一致することはありません。人は究極的には、他者のすべてを理解することはできないのです。しかし、此の不完全であることの感覚が、より完全に近い認識を求めようとする根源的な動機だと。

それを鈴木氏は「霊性的世界の真実性に対するあこがれ」だと言い、それは、意識の働きであるよりも無意識の働きだと述べています。

さらに『仏教の大意』で氏は、霊性の目覚めは、どこまでも個を基点とすると言っています。したがって個の人生においても霊性的世界の扉を見つけ、そこを開放することの必要を語っています。ここは生きる上で大切なところだと思うのですが、若松氏は、分かりやすく説明しています。

私達が「感性的分別的世界」において不幸を感じる。それを打開するものは、霊性的世界とのつながりを回復するところにある。霊性的世界に行け、と大拙氏は言うのではありません。あくまでもこの世にありながら、霊性的世界からの「風」を招き入れるように内なる霊性の叡智を蘇らせよと訴えるのですと。

（二）スウェーデンボルグの霊性

〈スウェーデンボルグという人〉

スウェーデンボルグという人はどういう人か、様々な本に紹介されています。アメリカの偉大な思想家・エマーソンが『代表的人物論』という有名な本で「プラトー」「スウェーデンボルグ」「モンテニュー」「シェイクスピア」「ナポレオン」「ゲーテ」について論評していますが、この中のスウェーデンボルグについて記している部分の要約をここに記します。

彼（ボルグ）の青年時代と修業とは異常たらざるをえなかった。少年は、口笛を吹いたり、舞踏をすることはできなかった。反対に鉱山に入って採掘し化学、生理学、光学、数学、天文学など、多方面に富む頭脳の尺度に相応しいものを発見しようと試みた。彼は子供の頃から頭脳明晰であり、二十八歳のときチャールズ一二世によって、鉱山局顧問に任命された。一七一六年から四年間、彼はイギリス、オランダ、フランス、ドイツの大学に学んだ。初めの三〇年間、科学的著書に専念したが、五十四歳のとき、この科学的著作をやめ、神学上の執筆に力を注いだ。彼は終生結婚しなかった。彼の態度は謙虚であった。彼はパンと牛乳と野菜とで生活した。そして、一七七二年三月二十九日に八十五歳でこの世を去った。

〈スウェーデンボルグの証言から〉

スウェーデンボルグが死後の世界、天界や地獄に出入りし、天使や善霊または悪霊などと語った事実を述べているので、ここに彼自身の言葉で紹介したいと思います。

主（キリスト）は彼の下僕（しもべ）なる私の前にご自身を現したまい、この使命を私にお与えになられ、その後私の霊眼をひらかれて、私を霊界に導きたまい、私に諸天界や諸地獄を見せ、また天使たちや霊人たちと語ることを許したまい、長い年月の間、今に至るまで此の事がなされており、この教会の教義に関するもので、天使より教えられたことは何もなく、これらはすべて私が聖言（聖書）を読んでいる時に、主ご自身から教えられたものであることを真実に証言する。

（『真のキリスト教』スウェーデンボルグ）

次にスウェーデンボルグの言っていることが、いかに真実かという証について記しておきます。

今日、教会に属している人々は天界と地獄について、また死後の自分自身の生命について、聖書に説明されているにもかかわらず、ほとんど何も知っていない。教会内に生まれた人々すら、此等のことを否定しているほどである。それ故、特にこの世の知識を多く持っている人々の間に広がっているこのような考えが、心の単純な者や信仰の単純な者に感染して、彼らを堕落させないように、私は天使たちと交わり、人間が人間と語るように彼らと語り、また天界にある事物と、いろいろな地獄にある事物を、観察することを許されたのであるが、このことは一三年間も続いている。それ故私は今、世の人々の無知な心が明るくされ、不信仰が除かれるようにとの希望を抱いて、私が見、かつ聞いたところのことに基づいて、此等のことを述べることが出来るのである。

（『天界と地獄』スウェーデンボルグ）

このような証言に対して〝彼（ボルグ）は幻覚を見ている〟との報道がありましたが、これに対して有名な話として、『スウェーデンボルグ・生涯と教説』（ジョージ・トロブリジ著）という本の中で、次のような事実が記されています。

ストックホルム駐在オランダ大使夫人（名前、略）は夫を亡くして暫くして金細工人・クルーンから、彼女の夫が彼から買った銀の食器の支払いを請求された。その未亡人は亡くなった夫は几帳面な人であったから、この負債を支払わなかったというようなことはないと確信していたものの、その受領証を見つけることができなかった。彼女は悲しみのあまり、それはかなりの金額だったので、スウェーデンボルグにお願いして家に来てもらった。彼女は彼に面倒をかけることをお詫びした後、もしあなたが多くの人が言っているように、死んだ人の霊と話をすることができるなら、その事情がどうなっているのかを、夫に尋ねていただけないでしょうかと頼んだ。スウェーデンボルグは彼女の要求にそった。

三日後、婦人宅の家でお茶会があり、スウェーデンボルグもこの会に出席した。持ち前の冷静な態度で彼女の夫と話し合ったことを告げ、〝負債は彼が死ぬ七か月前、すでに支払われており、その受領証は、階上の部屋の大きな机の中にある〟と話した。

夫人は、〝その大机の中をすっかり探してみたが、その受領証は、そこのどんな書類の中にも見られなかった〟と答えた。スウェーデンボルグは、彼女の夫が、〝左側の引き出しを抜き出すと一枚の板が現れるが、その板を引き抜くと秘密の仕切りが現れ、その中に受領証とともに彼の個人的なオランダ語の通信文も入っている〟と語っていたということを話した。この言葉を聞くと、そこにいた全員が立ち上がって、夫人について階上の部屋に入った。その大きな机の周りに集まった。彼らはスウェーデンボルグに指示されたようにしたところ、今まで誰も知らなかった一つの仕切りが見つかり、一同がまったく驚いたことには、スウェーデンボルグが語った書類がそこに発見された。

逸話をもう一つ記しておきます。

一七七〇年頃、エルベルフエルドに一人の商人が住んでいた。彼（商人）は仕事の関係でアムステルダムに旅行しなければならなかったが、スウェーデンボルグという不思議な人物について聞いたり読んだりしていたので、彼を訪問して話を聞いてみたかった。彼はスウェーデンボルグを訪問して以下のような会話がなされた。骨子は次のとおり。

（商人）

「あなたの素晴らしい著書を拝見しております。あなたは特異な方だと私は思っております。あなたの著書には、美しい、霊性を啓発するものがたくさんありますので、深い感銘を受けております。けれど、あなたがそれらのものを得ておられる源は非常に特異な、不思議な、そして非凡なことなので、もし誠実な真の友が、あなたが本当に霊界と交渉を持っておられるということについての、議論の余地もないほどの証拠を得たいと思っても、お気を悪くなさらないと存じます」

（スウェーデンボルグ）

「もし私がそれで気を悪くするようでしたら、それは真に不合理なことでありましょう。けれど私はすでに、否定することのできない十分な証拠を与えていると思っています」

（商人）

「あのストックホルムの火事、領収証のことですか」

（スウェーデンボルグ）

「そうです、あれは本当のことです」

（商人）

「あの証拠に似た証拠を私にも与えていただけないでしょうか」

（スウェーデンボルグ）

「よろしゅうございます。喜んで」

（商人）

「実は前に私に一人の友人がありましたが、神学の勉強をしておりましたが、肺病で死んでしまいました。私は、彼が死ぬ少し前に彼を訪ねて、ある重要なことについて語り合いました。私たちが語り合ったことを彼から聞き出していただけないでしょうか」

（スウェーデンボルグ）

「やってみましょう。お友達のお名前は？」

（スウェーデンボルグ）

　商人は名前を告げた。

「どれくらいここにおられますか」

（商人）

「八日か一〇日ぐらいです」

（スウェーデンボルグ）

「二、三日したらお訪ねください。あなたのお友達に会えるかどうかやってみましょう」

（スウェーデンボルグ）

　商人は数日後、スウェーデンボルグを訪ねた。

「私はあなたのお友達に会いました。あなたたちの話題は、万物の復興でした」

（スウェーデンボルグ）

と言った。そして詳細に何を話したかについて話した。商人は真っ青になった。そしてさらに尋ねた。

（商人）

「私の友達はどうしているでしょうか。彼は祝福された状態にあるでしょうか」

（スウェーデンボルグ）

「いいえ、彼はまだ天界におりません。彼は今でも冥府（あの世）におり、万物復興のことを考えて、もだえ苦しんでいます」

　この返事は友（商人）を非常に驚かせた。彼（商人）は叫んだ。

（商人）

「おお神よ、他界ではどんなことが起こるのでしょうか」
(スウェーデンボルグ)
「ごもっともです。人はその人の心に叶った傾向と意見を頂いて来世に入っていくのですが、そこでそれを捨て去ることは非常に難しいことなのです。だから、私どもはこの世で捨て去らなければなりません」

少し長くなりますが、もう一例を記しましょう。

一七五九年の終わりの頃、スウェーデンボルグがイギリスからやって来た夕方、商人の集会に招かれて、暫くして驚愕すべき凄い仕草で、「ちょうど今、ストックホルムで大火災が発生し、火が荒れ狂っている」と一同に知らせたのです。数時間後、その間、彼は時々見えなくなったが、彼は一同に、火災が阻止されたこと、また火災がどれほど広がったかを知らせた。この話は夕方には広まりはじめ、翌朝には全市に広まっていた。ところが二日後になって初めて、それについての報告がストックホルムから届いた。人々の言うところでは、それはスウェーデンボルグの幻と完全に一致していた。
(『死霊者の夢』カント著/川戸好武訳)

スウェーデンボルグは、高い地位を捨てて、数十年間、著作に従事し、著書は匿名で自費出版、図書館や教会に寄贈、説教もせず、教会も建設していない凄い人です。

ボルグに対して次のように言っています〔『鈴木大拙全集（第二四巻）』〕。

〈鈴木大拙のボルグへの思い〉

鈴木大拙はアメリカで一〇年かけて、『天界と地獄』をはじめ四冊のボルグの本を訳しており、

端典（スウェーデン）の国に古今独歩の神学者あり、天界、地獄を親しく巡見したるのみならず、天界の主なる人にさえ面談しこれと談話を交え、神学上、哲学上、心理学上の新発見を成したることありと云ふに至りては、これを知る人甚だ多からず。また、たとひ此人の名聞きたるものにても、彼を以て、今日の文化、今日の思想に関することもあるものと信ずるは、極めて少なかるべし。

彼は天界と地獄を遍歴して、人間死後の状態を悉く（しつ）（知りつくすこと）実施に見たりと云ふところ真率にして、少許も誇張せることなく、また之を常識に考えて見ても大いに心理だと思ふところあり。

鈴木大拙は、アメリカでスウェーデン・ボルグを学んでから、彼の思想に変化が見られたと指摘されています。

（三）エドガー・ケイシーの霊性

〈エドガー・ケイシーという人〉

エドガー・ケイシーは一八七七年、アメリカ・ケンタッキー州のホプキンスウィルで、無学な百姓の家に生まれています。田舎の学校に九年間通って牧師になろうという夢を描いていましたが、家が貧しく教育を受けることは許されませんでした。百姓仕事は青年ケイシーの興味をそそらなかったので、街の本屋の店員、後に保険の外交員になりました。

二十一歳のとき、運命的な不思議なことが起こり、生涯の方向が変わってしまいます。それは、喉頭炎にかかり声が出なくなったのです。どんな医療も効果がなく、保険外交員としての仕事を続けることができなくなりました。ケイシーは、一年間ほど両親の家に籠もり、なすこともなく過ごします。そして生活のため、あまり声を使わずに済む写真屋の職業を選び、見習いとして働くことになりました。

以下では、二十四歳のときに彼が自身の〝病気を治す〟ための試行錯誤の中で発現した能力と、さらにはそこからヒントを得て、他人の病気をも診断しようとした過程について記します。

この写真屋の見習いとして働いているとき、ハートという旅芸人兼催眠術者が街にやって来て、ホプキンスウィルの劇場で毎晩、芝居を上演していました。ハートは、ケイシーの病状について催眠術で治してみようと申し出て、ケイシーは喜んで実験に応じます。その結果は、催眠術にかけられている間は、ハートの暗示に反応して正常な声で話せるのですが、目を覚ますと声は元通り、出なくなってしまうという程度でした。

　ハートはほかの街にも芝居の予定があり、実験を続けられなくなりますが、暗示療法を研究していた地元のレインという男が、実験を引き継いでくれました。レインは、まだ治りきれないケイシーの喉に、彼の技術を試みたいと申し出ました。ケイシーは、再び声が出るようになるなら、どんな方法でもやってみたいと思っていた矢先だったので、気軽に承知しました。

　レインの考えは、「ケイシーに催眠術をかけて、催眠状態に入っているケイシー自身に病気の性質を述べさせよう」というものでした。不思議なことにケイシーは、与えられる暗示に応えて、まったくそのとおりにできたのです。彼は普通の声を出して、彼自身の声帯の状態を説明し始めました。

「はい。私は自分の身体が見えます。普通の状態では、この身体は話すことができません。神経の歪みによって、声帯の内部筋肉の一部に麻痺が生じたのです。これは精神状態が肉体に影響を及ぼしたのです。無意識状態にしておいて、暗示で患部の血液の循環を良くすれば治るでしょう」

　そしてレインはケイシーに、血液が患部に充分に流れれば病状は良くなるだろうと暗示した。するとケイシーの胸の上部と喉は次第に桃色に変わりはじめ、眠っていたケイシーは咳ばらいをして「もう治った。麻痺はとれた。血液の循環は元通りになるから、そうすれば身体に活気が出てくるという暗示をかけてください」

と言いました。レインは言われるとおりの暗示を与えると、ケイシーは目を覚まし、一年ぶりで普通の声で話すことができるようになりました。

ケイシーの身体に関することで言えば、これで終わりかもしれません。しかし、レインは目ざとく、この事実の意味を見抜きました。すなわち「ケイシーが自分で自分の身体の状態を診断できるなら、他人のものもできるのではないか」と思いついたのです。

〈エドガー・ケイシーの証言から〉

ケイシーは、自分を催眠状態に入れるだけで、あらゆるものを見透す透視能力を発揮したのです。ケイシーのこの能力（表現が難しいので「リーディング」と呼ばれています）は、前記のとおり、彼が自分の病気を治そうとした過程で発現したことから、他人の病気をも診断して、治療法を与えることが分かりました。そして、多くの病人（大半は難病人）が、彼の催眠透視を受けて回復しています。

ここから、具体例について記すことにしますが、このケイシーという人は、晩年には「バージニア・ビーチの奇跡の男」と呼ばれるようになります。しかし、この呼び方は誤解を招きやすいのです。なぜなら、彼の助力によってめざましい病気の治療を経験した人は何百人もいるのですが、病人の患部に手をのせて治すわけでもないし、手で触れるわけでもないのですから。彼の奇跡たるや、驚くほど正確な医学的透視によって行われたのです。しかもその診断は、患者から数千マイル離れたところでも行われたのです。

このケイシーの催眠透視が立証された、劇的で有名な話を記します。

【例一】

アラバマ州セルマの少女の場合である。この子はどうしたわけか、理性を失って精神病院に入れられていた。この子の親が非常に心配して、ケイシーの助けを求めたのである。ケイシーは寝椅子に横たわると二、三回深呼吸して眠りに落ち、やがてこの少女の身体を診断、身体の状態を説明した。ケイシーは、「少女の親知らずが一本歯ぐきに食い込んでいるので、それが脳神経を侵している。この歯を抜けば故障が治り、少女は正常に戻る」と言った。そして、口腔内の言われた場所を調べると、歯ぐきに埋没した歯が見つかり、適切な歯科治療が施され、少女は完全に正常に回復した。

【例二】〔少し長くなりますが、『There is a river　永遠のエドガー・ケイシー』（トマス・サグルー著／たま出版）より〕

ディートリックという夫人が、娘のことで話している。

「娘のエイシーが二歳のときでしたわ、娘がインフルエンザにかかりましたの、そして、インフルエンザはすっかり回復した後で、ひきつけを起こしたの。倒れたかと思うと、身体を硬ばらせ、硬直したのです。そして精神の発達期がそこで止まってしまいましたの」

「私たちはあらゆるお医者様に診ていただきました。どのお医者様も、少しも治せませんでした。そういった無益な経験を二年間繰り返しました。有名なリンチカム博士とオルカー博士にも診ていただきました。それでも治りませんでした。そしてホップ博士にもみていただきました。先生は〝脳の障害を受けて回復のみこみは無い〟とのことでした。私たちは〝死ぬのなら、わが家で〟と思い、娘を家に連れて帰りました。

（中略）

「エドガーさんをよく知っていたウルスさんが、私たちに、試しにその若者（エドガー）に頼んでみたらと熱心に勧めたのです。当時、エドガーさんはまだリーディングの仕事はしていませんでした。エドガーさんはまだ、本屋で働いていました」

「主人が、エドガーさんにこちらに来てくれるよう頼みました。エドガーさんは来てくださいました。汽車の切符代のほか、報酬は受け取りませんでしたわ」

「ケイシーさんは、レインという地元の方と一緒でした」

（中略）

「二人とも娘を診ましたが、エドガーさんも〝リーディングが助けになるか自分でも分からない〟と言っておられましたわ。ケイシーさんはとても若く、少年のように見えましたの。私自身〝果たしてこんな若い人が、この国でも最高の先生方に治せなかった病気を治せるかしら〟と思いましたの」

（中略）

「ケイシーさんはコートを脱ぎ、ネクタイと靴の紐をゆるめると、ソファーの上に横になりました」

「そして眠りに入っていかれました。二、三分経った頃、レインさんがエドガーさんに話しかけ、娘のどこが悪いのか話すように暗示をかけました。眠っているエドガーさんが」

「〝はい、われわれはその身体を持っている〟と話し始めたときには、本当にびっくりして、耳を疑いましたわ。声は別人のようで威厳がありましたわ」

「エドガーさんは、娘がインフルエンザにかかる前日に背骨にけがをしたこと、そしてそのためインフルエンザの菌が背骨に入ってしまい、それがひきつけを起こす原因となっていることを述べました。そしてその傷をどう治療したら良いか、その指示を与えてくださいました」

「エドガーさんが、娘の背骨のけがのことを前もって知っていたはずはありませんわ。私だけが、そのことを知っていたのですから。それに、私はそれをたいしたことだと思いませんでしたもの」

「エイミーがインフルエンザにかかる前日に、私と一緒に馬車から降りましたの。その時、娘は滑って背骨の下のところを馬車のステップに打ちつけたのです。でも、娘は何事もなかったかのように飛び起きましたので、私もそれ以上、特に考えませんでした」

「エドガーさんは、用があって帰られました。整骨院の資格のあるレインさんが治療を続けてくださいました。エイミーの精神がはっきりしてきました。娘が突然、人形の名前を呼んだのです。二、三日して今度は私の名前、父親の名前を呼びました。それからというものは、急速に回復していきました」

もう一つの例をあげてみます。

【例三】

早産をしたケンタッキーの若い婦人の場合である。その子供は、生まれたときから病弱だったが、四歳のとき、ひどい発作に襲われ、父親をはじめ、かかりつけの三人の医者は、〝もう一日と命はもつまい〟と言うのだった。母親は絶望のあまり、ケイシーに診断を求めた。催眠状態に入ったケイシーは、毒薬であるベラドンナ剤を一回分与え、続いてなお必要ならば解毒剤を飲ませるように言った。医者たちが憤慨し大反対するのも聞かず、母親は自分でその毒薬を与えると言いはった。発作は即座に止んでしまった。続いて解毒剤を与えると、なんと、赤ん坊は手足を伸ばし、ゆったりした面持ちで、すやすやと眠り始めた。

ケイシーの家に運ばれてくる手紙は、ほとんど皆、助けを求める悲痛な叫びで満ちていた。手紙は国内ばかりからではなく、ついに世界中から来るようになり、南米、カナダ、英国、それにヨーロッパの戦場、アラスカ、オーストラリアなどから届けられた。

以上のことから、ジナ・サーミラ氏（『転生の秘密』の著者）は、次のように言っています。

ケイシーのこの原型は創造的エネルギー、すなわち神の存在を出発点としている点において宗教的である。また人生、宇宙、人間の運命について明確な組織的見解をとっている点において哲学的である。また生活環境に対する霊魂の反応という実際問題に具体的解決方法を提供しているという意味で心理的である。

第七章　哲学者の霊魂観

一　プラトン

プラトン（前四二七頃～前三四七）は古代ギリシャの哲学者で、八十歳で没したと言われています。釈迦や孔子より一〇〇年以上、後の人です。初めは詩人を志しますが、やがてソクラテスの弟子になりました。彼の晩年の著書、対話篇『パイドン（ファイドン）』では、彼の主張も、ソクラテスが代弁しているかのような形をとって書かれています。

プラトンは、この中で「魂の不死」について説いています。

「死とは、肉体と魂の分離であるが、魂は肉体と分離した後も消え去ることはなく、引き続き生き続ける」

「むしろ肉体のくびき（思考、行動の自由を束縛するもの）から解放されて、真の実在に達することができる」

「だから死を恐れる理由はなく、むしろ喜ばしいこととしてこれを迎えなければならぬ」

とソクラテスが主張していると著しています。

ちなみにソクラテスは無神論者であり、アテネの国法を重んぜず、〝青年を堕落させた〟としてアテネ市民に告発され、裁判にかけられています。その頃のギリシャは陪審員裁判であったので、罪を認めて陪審員の同情を引くような言葉を言えば良かったのに、彼は堂々と弁明し、〝自分を訴えた人こそ罰せられるべき〟と言ったため、「若者たちをたぶらかす」という罪状で、死刑の一つである毒薬を飲む刑に処せられています。

プラトンは、ギリシャ、アテナイ（ギリシャ共和国のアテネの古名）郊外に学園を創設して活動しています。彼の思考の中心には「イデア論」があります。ちょっと理解しにくいのですが、イデア論というのは、「今、私たちが生きている世界（現象界）にある事物を〝○○だ〟と分かるのは、どこか別の観念の世界（イデア界）にある〝○○〟のイデアを想起しているからだ」とするものです。プラトンに関する本を見ますと、「イデア」とは「理想像」「本質」「真理」などと訳されています。

分かりにくいと思いますので、プラトン自身が著書『国家』という本の中で「洞窟の比喩」という形で説明している内容を紹介します。

○あなたは生まれながら大人になるまで、首や手足を固定され洞窟の壁に向かって椅子に腰掛けています。

△前のものが見えない状態です。

○あなたのはるか上部にある場所で、明るい火が燃えています。その火の前に一本の道があり、そこをいろいろな動物や馬車が通ります。

△その動物や馬車の「火の影絵」だけが見える状態です。
○生まれてからずっと壁の面だけを見て生きてきたあなたは、そこに映る影が真実の姿だと考えてしまいます。ずっと暗闇の影絵を見ているあなたは、明るい所の真実の姿を知りません。
△なので、あなたがいくら真実の姿を説明されようと、壁に映る映像を真実であると考えてしまいます。そこから、あなたは自由の身になって明るい火により動物や馬車の姿を見ます。
○明るいところで本当の姿を知ってから暗闇に戻されます。すると、今度は動物や馬車の影を見た時に、その本当の姿を想像します。
△今まで影絵だったけれど、本当の姿を想像するようになるのです。

このプラトンの説明はよく分かります。
次にプラトンの考える魂について調べてみました。
プラトンは
「真のイデアを見ることができるのは、魂が肉体から解放されたときだ。では何故私たちは肉体から魂を解き放つことができるのか。それは、私たちの魂は肉体から離れてもなお生き続けられるからだ。肉体とは異なり、魂は不死だと言わねばならない。魂は不死であり肉体が死んだ後、初めて魂は純粋となる。肉体が縛られている間は、なにが真のイデアであるかを知ることができず、純粋になったとき、初めてそれを知ることができる」

と言っています。

同様のことを論文「プラトンの宇宙論と霊魂論」（小坂国継）では、次のように著されています。

「魂はどうして損われるかというと、プラトンによれば、それは魂が肉体と結びつくことによって、あるいは肉体との結びつきから生ずるさまざまな災いに依って、傷つけられたり、損なわれたりするのである。それだから魂が肉体から離れて浄められ、その本来の姿にもどったとき、それは神的で不死で永遠な存在になる。従って魂はその本来の姿においては不死であるという。魂はその固有の悪を自分のうちにはもっていない。ただそれが肉体と結びつき、それによってさまざまな災いを受けるとき、不浄なものとなるのである。これがプラトン著『国家』における魂の不死説である。魂の穢れの原因は肉体との結びつきにあるのであって、魂それ自体は神聖であり不滅であるというのがプラトンの根本にある」

二　カント

カント（一七二四～一八〇四）は、近世哲学を代表する最も偉大な哲学者の一人です。ドイツ（東プロイセン）のケーニヒスベルク（現ロシア領カリーニングラード）生まれの哲学者です。故郷を出ることなく同地の大学を出て、家庭教師を務めた後、一七七六年、母校の教授となり、独身で一生を終えています。ヘーゲル、シェリング等へと展開した、いわゆるドイツ観念論の起点となった哲学者です。

自由で自律的な近代的人間の理性に基礎づけられたカント思想は、現代においても様々な領域で読み直しが図られていると書物にあります。

「カント以前の哲学はすべてカントに流れ込み、それ以前の哲学はすべてカントから流れ出る」

と言っている哲学者もいます。

カントはいわゆる視霊現象について、「一面では笑うべき迷信の幻想である」としながら、「他面ではそうした物語への愛着を捨てきれていない」と評価しています。

視霊者・スウェーデンボルグが亡夫の未払金を催促されたオランダ公使の未亡人の依頼に応じて、領収書の在処を彼を通して聞き出す事件や、一七五六年のストックホルムの大火災の様子を五〇里余りも隔たっているイギリスのゴールデンブルクで、スウェーデンボルグが事細かに告げる事件が、長々と述べられていること（第六章）に、カントは不信感を抱いています。

また著書『視霊者の夢』の中でカントは、スウェーデンボルグに対し、

たまたま出会った（霊魂の交流の）証言や、私の哲学的な作り話に驚くほど似かよった証言

は、もう絶望的なほど不様で馬鹿げているように見える。はっきり言わせてもらえば、そのように人を惑わす類似については、私は笑って済ます気にはなれない。単刀直入に私は宣言するが、次のどちらかしかないのである。すなわち、スウェーデンボルグの著作には一見そう見える以上の賢明さと真理があると考えられるべきか、それとも、仮に彼と私の体系との間に一致があるとしても、それは単なる偶然にすぎないのか、そのいずれかなのである。その偶然の一致とは、詩人が熱に浮かされて何か言うと、それが実際の結果と一致することがたまにあるので、彼は予言しているのだと信じられたり、あるいは少なくとも本人はそう言う、といった程度のものである、と地球にあるスウェーデンボルグの大著はすべて空で理性が一滴もない。〈カント著　全集三巻〉『視霊者の夢』「第二章　一人の熱狂者が我を忘れて霊魂の世界を旅行する」）

と言い切っています。すなわちスウェーデンボルグの天界との交流に対し、嫌悪感さえ感じている言い方をしているのです。

筆者は、スウェーデンボルグの著書『天界と地獄』を少しかじってみましたが、書かれていることは事実であると思うのです。したがって本書では、これ以上カントの霊魂観については触れないこととし、他書をお読みいただきたいと思います。カントについては、この霊魂についてだけは思いもよらぬことが分かり、偉大な哲学者のイメージが、筆者の中で崩れ落ちてゆきました。

しかし、二〇〇〇年以上も前の哲学者であるカントが心血を注いだと言われる「純粋理性批判」は、現在も世界中の哲学者の研究対象になっています。

筆者には、カントの理論を読み解く力は毛頭ありませんが、おそらく一つ一つのレンガを積み上げるように、まずそれぞれの行を理解した上で、さらに次の行との関連を紡いでいかなければならないのだと思います。

〝カントを読むには忍耐力と日本語的理解能力が必要だ〟と「カント屋」と言われ、かつ「哲学塾カント」を開設している中島義道氏が、著書『カントの読み方』（ちくま新書）の中で書いています。カントをドイツ語で読んだこともない人からよく〝日本語よりドイツ語で読むほうがやさしいのでしょうね？〟と聞かれるそうですが、答えは「ノー」。現代のドイツ人（教養のある人でも）にとっても、カントはチンプンカンの代物だそうです。

第八章　姫野公明師は何故霊験力を感得できたか

一　姫野公明師の子供の頃

姫野公明師は明治三十一年（一八九八年）、九州豊後の国（現在の大分県湯布市湯布院町）に生まれ、生来の英資神慮に叶った人でした。子供の頃から神童と見られていたそうで、次のような話をされています。

「私は、十二、三歳の頃、小学校に行っている頃から、友達の通信簿のことなど不思議に言い当てたものです。あなたは甲がいくつ、乙がいくつでしょう等と、みんな当たるのでびっくりしたものです」

「またその頃、親戚の人に連れられて有名なお宮（熊野権現）に行ったとき、山を登るのにトン、トン、トンと足がひとりでに出て登ったことがあり、そのとき、お宮の神職が私の顔をじっと見つめて、〝この子は唯の子でない、神や仏に捧げなさい〟と言うのでびっくりして逃げ帰ったことがあります」

この話から、姫野公明師は生まれながら異常な能力を持った鋭い神童だったことがうかがえます。何故このような人が生を受け、世の中に出てきたのでしょうか。姫野公明師の先祖には神に仕え、人を導いた方がおられたのだと、筆者は思っています。

姫野公明師の生まれた大分県と福岡県との境に英彦山（ひこさん）（標高一二〇〇ｍ）という山があります。筆者も令和四年（二〇二二）、孫とお詣りに行きましたが、この山は日本三大霊山の一つであり、修行の総本山でもあります。師は、物心（ものごころ）がついてからも、この霊山に祀られている英彦山神宮を参詣されたことでありましょう。そして、神秘的な世界に照らし、ご自分が自覚している霊能力の活かし方について深く考えたのです。

そして、高等女学校に進んだとき、ご自分の進路について考えた末、自分の生まれながらの能力と神仏の後押しを感得し、十七歳のとき決意したのです。それは〝修行して世のため人のために尽くすことができないか〞と考え、その決意は固かったのです。したがって、生まれ育った故郷の霊山英彦山は、姫野公明という人を発心させた場所であるのです。

その決意を聞いたご両親は気が動転し、諦めさせようと三か月間、師を座敷牢に入れたそうです。もちろん、水と食糧は差し入れたそうです。それでも姫野嬢の決意は緩むことなく、ますます堅固なものになっていったのです。根負けしたご両親は姫野嬢の話を聞き入れて、伝手を頼って京都市東山区にある無宗派の単位寺院（現在は浄土宗鎮西派の特別寺院）で信州善光寺の大本願の京都別院尼寺でもある、得浄明院（明治二十七年（一八九五）建立）に入門させました。

得浄明院では、明治天皇の叔母である宮尼公より剃髪を賜っており、その後、得浄明院の命を受け、北海道の廃寺の再興の任務を務めております。この地で無理が祟り、一旦郷里に帰り、療養しています。そして療養後、新たな決意をしております。それは修験道の道に身をおき、験力に磨きをかけ、世のため、人のために尽くすことでした。

筆者が二〇二二年、知恩院近くにある得浄明院を訪ねたとき、この地域の皆さんは、この院を「善光寺さん」と親しく別名で語られており、院の方のお話ですと、役職の方が毎年、信州の善光寺をお参りに行かれているとのことでした。小さいながらも戒壇もあり、筆者も孫と踏みました。二〇二二年は信州善光寺の御開帳に当たり、得浄明院の浄香様が参道をお練り参拝されています。

姫野公明師が17歳のとき入門した寺院
地元では「善光寺さん」と呼ばれていました。

二　修験者として修行一〇年

廃寺再興の激務による病から回復後、神霊の啓示により自分の霊験力に一層磨きをかけ、世直しをするという決意のために、修験道寺院である岡山県倉敷市の五流修験道の尊龍院の門を叩いたのです。尊龍院は宗教法人「修験道」の総本山で御本尊は十一面観音であり、この院は寺院だったときの戸隠顕光寺と同じ天台宗に属しており、修験道に重きをおいておりました。

　筆者は、姫野先生が修行した院というのはどういうところか、一度行ってみたいとかねがね思っていました。令和三年（二〇二一）五月、お詣りに伺いました。奥の応接間に通され、昼食まで頂戴し恐縮の至りでした。姫野先生のこと、修験道のこと、院での行事の話に、時間の経つのを忘れるほどでした。院の方がた（三人）は姫野先生のことをよくご存じで「凄い先生でしたね」と異口同音に言っていたのが印象的でした。筆者が「ここは何代目でございますか？」と聞いたところ、「八十六？　八十七？　忘れました」と年配の方のお答え、一同破顔一笑でした。

　姫野公明師は、この尊龍院で長床衆（ながとこしゅう）（一所不在とし山から山、寺社から寺社へ修行する僧）となって厳しい修行をしたの

尊龍院本堂内部

尊龍院護摩堂
大護摩行事は、このお堂の前で行われます。

です。師は

「私は何十年も家を持ったこともなく、洞窟の中で生きてきました」

と言っています。「花の百名山」を選定したことで知られる脚本家・田中澄江氏も師の思い出の中で語っていますが、全国の山々で厳しい回峰修行、籠もり修行をしているのです。その期間も、師の年譜からみますと一〇年を超えているのです。師はこの一〇年間、修験者としての窟での修行、回峰修行により霊験力を感得すべく、必死の努力をなされたのです。また、院においては仏教学のみならず書道、文学も学んでいたのです。

話は少しそれますが、空海はものごとを学ぶに当たって自分の身体を使った修行、師からの直接の伝授を大切にしていたのです。

「文は是れ糟粕(そうはく)、文は是れ瓦礫(がれき)なり、糟粕瓦礫を受くれば則ち粋実至実を失う」

(『図解雑学　空海』頼富本宏)

ちょっと表現は極端ですが、「文章（学問）は酒粕や瓦礫のようなもの、そこからだけ学ぼうとすれば誤る」ということです。もちろん空海は文章の重要なことも承知しており、このことは修験道の道そのものだと思うのです。

姫野公明師のその後の驚くべき霊験力は、この一〇年間に師の中に確固たるもの、堅固なものになっていきました。この一〇年間という時間は、師にとって世直しのための霊験力を身に着けた最も大切な時期だったのです。空海も入唐前に一〇年間、室戸岬の窟、石鎚山他で修行していますが、資料がないためその実態は分からず、歴史家の皆さん泣かせとなっています。

空海は在学中に出会った一沙門（山野を歩き回っている乞食のような私度僧）から密教の修法の一つ「虚空蔵求聞持法（こくうぞうぐもんじほう）」のあることを教えられ、各地の山林などで修行したと、自ら語っています。

> 時に一沙門有り、虚空蔵求聞持法を呈示す。その経に説く。若し、人法に依って此真言一百万遍を読めば、即ち一切教法の文義の暗記に得ん。是に於いて大聖の誠言（じょうごん）を信じ飛焔（ひえん）を鑽燧（さんすい）に望み、阿波国大龍之嶽に攀躋（はんせい）し、土佐国室戸之崎に勤念（ごんねん）す。幽谷は聲に応じ、明星は影を来す。遂に即に朝市の栄華念々に之を厭ひ巌藪の煙霞日夕に之を願う。

空海はこれを仏の真実の言葉と信じて、修行精進しています。阿波の大龍獄に登り、さらに土佐国の室戸岬で一心不乱に修行しました。

四国巡礼で筆者は、室戸岬の先端にある最御崎寺（ほつみさきじ）、そして空海が修行した窟を訪れました。室戸岬は太平洋に大きく突き出ている岬で、冬でも温暖なので亜熱帯植物が繁茂しています。標高一〇〇〜二〇〇mの数段の海岸段丘で、三方が急傾斜をなして海へ落ち込んでおり、海岸はほとんどが断崖です。その断崖に二つの窟があり、一つは生活の窟、もう一つは祠が祀られている修行の窟でした。そこでの修行のとき、虚空蔵菩薩の化身である明星が現れたのです。室戸岬の大海原の彼方に、空と海との間から現れた明星の光は次第に輝きを増し、空海の口から体内に飛び込むと同時に空海を覆いました。

筆者は窟近くにあるホテルをとり、早朝この二つの窟の前に立ち、一二〇〇年前に空海も見たであろう光景を見て感動しました。

この明星の体験は、空海の以後の人生がすべて順調で、しかも思いどおりに事が進んだ原点の地であり、空海の神秘体験の地なのです。

この明星とは、おそらく自然の中の宇宙の生命と交流する大日如来の光であり、大日如来と空海が一体になったのです。「大日即行者」また「我即大日」という修行における体験を通して、如来の教えを実践する真言行人となったのです。

一方、大きく時間を経てから現れた姫野公明尼は、空海と同様、役行者が一〇年余りの練行苦行の後、中国へ渡って修行したと言われていることから、中国の聖地である天台宗派の天台山、並びに五台山、白雲山で修行しています。

ここで、師の履歴を当時の社会的状況と重ねてみてみます。昭和六年（一九三一）に満州事変が勃発しており、ちょうど大陸へ渡るチャンスがあったといえるでしょう。また二回目に中国へ渡った昭和十一年には、皇道派の影響を受けた陸軍青年将校による二・二六事件が起きています。二・二六事件は世界恐慌にも関連し、日本も深刻な不景気(昭和恐慌)にみまわれ、次々と企業が倒産、

空海が修行した窟
生活していた窟（左）と修行の窟（右）

空海が修行した窟の内部

空海が1200年前に見たであろう窟の前の風景

街には失業者が溢れ、農民は自分の娘を身売りするほどでした。しかし時の内閣がその対応を十分にとらず、巨大資本だけが肥(ふと)るという不景気に不満を募らせる国民の支持を期待した青年将校たちが起こしたクーデターでした。

師は昭和十一年に中国へ行っていますが、翌昭和十二年七月、日中戦争勃発前に帰国されています。おそらく二回目の修行は、師にとって満足な修行はできなかったと思うのです。

三　戸隠に入峰し厳しい修行

師は帰国の後、東京の銀座、有楽町あたりを中心にして夜、街に出て行き、いろいろな人の相談に応じ、人びとを導いていました。昭和十六年五月、突如神霊のお告げがあり「私、信州の戸隠に籠もり修行に行きます」と周りの人たちに言ったのです。師を取り巻く人たちは、零下二〇℃にもなるあの厳寒の戸隠での修行など、女性一人では到底無理だと説得しましたが「一人で行きます」と言って聞かなかったのです。結局、日頃心の通じ合っていた塩浦徳子さん（公恵尼）が随行することになったのです。彼女はこの縁で、生涯を師と共にされています。

戸隠に入峰されたお二人はすぐに、人の手を借りずに奥社近くの場所に掘っ建て小屋を作り、二年半、読経、修行、回峰したのです。師は「私は何十年来、家というものを持ったことがありません。ただ、いつも山や谷にあって洞窟の中に生きてきました。ここ戸隠においては毎夜、奥社近くに籠もるうちに、いつかムササビが喜んでそばに来るようになりました」と言っています。

さらに戸隠表山にある三十三窟、百間長屋でも籠もり修行をしています。これらの修行は現代に生きる私どもと違い、身を守るものがない時代ですから、まさに想像を絶するものであり、凄いことです。奥社近くの掘っ建て小屋での修行のときの様子を、一緒に修行された公恵尼は次のように語っています。

姫野公明尼、公恵尼が籠もり修行をした奥社参道途中（左側奥）　（夏に撮影）

「食べ物は修行中ですから、毎日お粥とせいぜい具がないおみおつけです。暖は地元の山仕事の人に薪を作って置いてもらいました。囲炉裏の火は絶やせません。それでも小屋の中の気温は零下二〇℃になりましたので、当然部屋の中は凍りました。寒風が部屋を吹き通すので、奥社から使わなくなった古障子をもらってきて、二人で縄で縛り付けました。それにトイレですが、なんと言っても部屋の中には御神殿がありますから汚すわけにはいきません。雪をかけ分けて外でと、これも大変でした」

厳しい人間の生命の限界を思わせる修行であったのです。女性二人で零下二〇℃の厳寒で、しかも高積雪の場所で小屋を作り修行したわけですから、いかに大変だったのか分かります。公恵尼はさらに

「どんなに吹雪いても行は一日も欠かせません。真夜中一二時になると小屋を出て、奥社をはじめ飯綱大明神から仏塚と次々霊場をお参りして回るのです。身の丈余りの雪を胸と手でかき分けながら奥社に行くのです。そして奥社の少し手前にある飯綱大明神のところまでくると護摩を焚きます。ここでの祈祷には一時間以上かかります。終わると、周りの雪は護摩の熱で一尺ほどへこむんです。一通り回るともう夜がしらじら明けてきます。一日の睡眠時間は二、三時間、ほとんど寝ないときもよくありました」

と言っています。高積雪を身体でかき分け進む状況、短い睡眠時間を思うといかに厳しい修行であったか、まさに想像を超える修行だったのです。そして遂にこの二年半の厳しい修行の結果、姫野公明師は陀羅尼（だらに）の秘法により験力（げんりき）に一段と磨きをかけることができたのです。

四　陀羅尼(だらに)による修行

姫野公明師が修行した陀羅尼の秘法、この陀羅尼はサンスクリットの発音「ダーラニー」をそのまま漢字に写したものです。「心を一定の場所に結びつけること」、言い換えますと「精神の集中統一」という意味です。本来、ヨーガの修行法の一つに由来しているそうですが、仏教でも精神の動揺を鎮める手段として採用されたといわれています。その方法は特定の言葉の一節を繰り返し、繰り返し唱え続け、その行為に意識を集中する、やがて自他の区別を超えた神秘の領域に修行者は入れるというものなのです。

空海は前記のとおり、誰とも知らぬ一沙門(山野を歩き回っている乞食のような私度僧)により、密教のいわゆる秘法を感得できるという虚空蔵求聞持法(こくうぞうぐもんじほう)を教えられています。このことは空海にとって、その後の自分の人生を見透しできたほどのものです。この虚空蔵求聞持法は、中国に密教をもたらした善無畏という人が翻訳した「虚空蔵菩薩能満諸願最勝心陀羅尼求聞持法(こくうぞうぼさつのうまんしょがんさいしょうしんだらにぐもんじほう)」という経典に基づいて実践されるものです。この経典そのものは六世紀頃、インドで成立し、唐の開元五年(七一七)に訳出されています。その後、まもなく日本へ輸入されています。もともとインドでは古くから真言や陀羅尼を用いて記憶力の向上を図る秘法が発達していました。

空海は前記のとおり大自然のただ中、室戸岬の先端の窟で虚空蔵求聞持法を実践している時、明星が口に飛び込む霊体験をしています。そして、以後の人生のすべてが思いどおりに進んでいます。

姫野公明師もこの虚空蔵求聞持法に基づき、奥社近くで修行したのです。経典関係の書物によりますと、まず最初に、自ら虚空蔵菩薩の像を布か紙の上に描いて、その画像を閑静な場所を選んでかけ、修行するのです。姫野公明師は屋外の寒風、高雪時の修行でもありましたから、布に描いた像の物を使ったことでしょう。

「虚空蔵菩薩」はサンスクリット語で「アキャシャガバル」、すなわち虚空（アキャシャ）の胎（ガバル）という意味です。すなわち虚空のごとく、無限にして無辺、同時に全宇宙にあまねく福徳と知恵とを蔵する菩薩といわれています。その容姿は若々しく、上半身半裸に近いところに真っ白な衣を身にまとっています。そこに美しい瓔珞（ようらく）（ネックレスやペンダント）をつけ、頭上に高く豪華な冠をかぶっています。そして蓮華座の上におられます（〈大日本仏教全書〉『虚空蔵菩薩』第一書房）。

『密教』（正木晃著）には、衣に清浄無垢な白を用いる理由の一説として、「この菩薩が明星に化身する場合があるから」と記されています。また、『修験道』（宮家準著）には、「菩薩が金色に輝き、修行者の頭上より入り、口から出て再び菩薩のもとに還る、このことをイメージして反復することによって入我我入の境地に達する」と記されています。こういう修行を続けるにつれて雑念が去り、心が次第に澄み透ってゆき、やがて人間の感覚が収斂（しゅうれん）し極度に高まる、いわゆる何か〝神仏?〟と深い神秘的合一体験を感得することになるのでしょう。

空海は自らの著書『三教指帰（さんごうしいき）』の中で明らかにしておりますが、室戸岬で修行しているとき、明星が空海の口に飛び込み、空海は〝即身成仏の境地〟に達し、いわゆる「大日如来」が空海に乗り移っています。

陀羅尼の読経は次のように唱えるのです。

ナウボ　アキャシャ　キャバヤ　オン　アリ　キャマリ　ボリ　ソワカ

この読経を百万遍、唱え続けなければなりません。この回数は絶対守らなければならず、回数の変更はもとより、一遍も足らなければ無効です（『密教』正木晃著）。姫野公明師は二年半の修行でしたから、ざっと九百日で百万遍唱えたわけです。一〇〇万÷九〇〇で、一日およそ一一〇〇回ということになります。書物によりますと一時間に四〇〇～五〇〇回の読経が可能だそうです。そうしますと一一〇〇÷五〇〇で約二～三時間かかることになります。しかも、現地で大護摩を焚くのです。護摩焚きの準備、往復時間等を考慮すると、相当の時間がかかったことが分かります。

公恵尼の話ですと、夜の一二時に出発していますから、わずかな睡眠時間もとれないほどということになります。特に冬は、雪をかき分けながら奥社近くまで行くのですから、想像もできないほどの苦労だったことが分かります。また正木氏によりますと、精神状態が常軌を逸する確率がとてつもなく高く、また古文書よると、その際の修行者の死亡率はなんと五割に達したという記録があるといいます。

姫野公明師は公恵尼とともに、まさに生死の境での想像を絶する修行を行い、陀羅尼の秘法を感得されたのです。神の御加護があったからこそ可能だったのだと思います。

第九章　姫野公明師の霊魂不滅の証

一　師に導かれた私の人生

筆者が「姫野公明師」という名前を聞いたのは、中学生の頃かと記憶しています。親は、兄の清水謙一郎（旧制松本中学の校長）から紹介されたようです。よく〝どこどこの誰々が師に助けられた〟とか、〝災いの原因が分かり取り除くことができ、元気を取り戻した〟とかいう話を聞いていました。

そして、筆者が師に直接お目にかかったのは高校三年のとき、将来自分の進むべき方向について、自分の考えが間違っていないか迷っているときでした。工業高校でしたので職に就くか、それとも進学するかで迷っているときです。今思うと、ちょうど池田内閣の所得倍増計画、東京オリンピック開催、東海道新幹線開通など、世の中はこれから高度成長時代に入ろうとするときで皆、気合が入り、何かと活気がある社会でした。

就職組は皆、大企業に就職していきました。給料も〝担任の先生より高い〟と話題になった友達もいました。筆者は、「大企業といっても、所詮大きな歯車の一つになりはしまいか」などと考え、迷っていたときです。見兼ねた母から「戸隠に姫野先生という先が分かる偉い先生がいるので、訪ねてみたら?」と言われ、母と戸隠の宿坊に泊まり、翌日訪ねました。

先生は、にこにこして現れました。何か旧知の間柄のように話しかけてくださいました。母がめずらしく緊張していたのを感じとれました。私は、自分の今の状況、そして迷っていることについて相談したのです。

先生はちょっと考えて、「東京電力に行きなさい」と言われたのです。

地元の中部電力からは多くの求人が来ており、すでにクラスの一五人が中部電力に就職内定していましたが、東京電力からは求人は来ていませんでした。しばらく心の不安定な時間が続きました。どのくらい日が経たのでしょう、やっと学校に三人の求人が来ましたので応募、学科の試験、クレペリン、作文、面接があり、なんとか合格できたのです。東京電力に「合格できた喜び」より、「憧れの東京に行って大学に行ける」という嬉しさのほうが大きかったのが本音でした。

東京での一か月間の研修の後、配属辞令は新潟県の湯沢にある水力発電所でした。すると何も分からぬ若造は、その頂いた辞令というものを持って、研修所長に〝東京に変更してほしい〟と談判に行ったのです。会社における辞令というものの重みも知らず、今、振り返っても冷や汗ものです。

湯沢発電所に配属されてからは、〝どうせ一度しかない人生だ〟と思い、やりたいことをやろうと、スキーのメッカですから、毎日スキーで楽しみました。越後湯沢は、川端康成の『雪国』の舞台になった場所です。雪国の怠惰な男を池部良、芸者の駒子を岸恵子のコンビで、ちょうどロケの最中でした。

発電所で二年間勤務しましたが、会社の方針で水力発電所の自動化、無人化が進み、偶然にも東京に転出できたのです。当時、東京はあこがれの地であり、該当しない先輩たちも多くいました。先輩たちに羨ましがられました。

東京に出てからも、何か姫野先生のことが頭から離れませんでした。時どき、目黒の公明院に先生を訪ねて行ったものです。そうは言っても、先生は会う人の心の奥まで見通すことのできる方でしたから、いつも緊張して訪ねていました。あらかじめアポをとって訪ねていましたが、門のベルを押すときは、一呼吸したものです。

後記しますが、師から千年を超える天命稲荷大明神が現れた時、

「この方は祈ると何でも聞いてくれますよ」

「東京電力の企業内大学に行きなさい」

そして

「あなたは鉄だから、計画部門で働くように、鉄は電気で溶けるから」

と言われたことは頭の隅にありましたが、社内で自分が希望したわけでもないのに、今、思うと、不思議にもいつの間にか「地中送電線路の計画」「建設部門」で働くようになっていました。二七万五千ボルトの地中送電線路の都心導入という仕事で三十年を過ごしてきました。今でも東京の灯をみると、建設した線路が大活躍しており、嬉しく懐かしく思います。振り返れば、実に楽しい会社生活であり、先生の言われた道を、自然と歩いてきたように思うのです。不思議です。

会社退職後、今、信州の田舎暮らしをしております。かねてから定年後は、生まれ故郷で人生の旅を終わりたいと思っていました。信州と言っても広いですから、どこに住居を構えたらいいか、数年、家族であちこちを探しました。結局、松本市と大町市の間に当たる安曇野に決めたのです。

それから何年経ったことでしょう。歳を重ねるうちに、同じ信州の戸隠におられた〝姫野先生が亡くなられて何年になるだろう〟と頭をよぎったのです。子供の頃から先生の透視力、霊力について親からよく聞いており、この方は一体どういう方なのか、もっと知りたく思い、先生のことについて著した本『霊は生きている』（山口富永著）があることを知り、長い間探していたところ、公明院に一冊まだあることが分かり、早速見せていただいたのです。先生のことと清水謙一郎（旧制松本中学校長、筆者の伯父）のことが書いてありました。

山口さんの著者紹介欄には、現在、筆者が住んでいる北安曇郡松川村に隣接する「大町市に在住」とだけある。〝お会いするにはどうしたらいいか〟〝年齢的にお元気だろうか〟などと思案しました。そこで、時どきプールで会うことのある八〇歳代半ばの宮田さんという人に聞いてみようと思いました。なぜなら、宮田さんから以前、斎藤茂吉が清水謙一郎の詩の一部をもらったという話を聞いたことがあり、もしかしたら山口さんをご存じかもしれないと思ったからです。

案の定、宮田さんは「（山口先生は）私の恩師です」というではありませんか、早速、次の日、平成三十年（二〇一八）の敬老の日の翌日に、アポなしで山口さんをお訪ねしました。立派な仏壇のある書斎に案内されました。白髪で眼光鋭く、九十五歳とのことでしたが、凛と矍鑠（かくしゃく）とされており、凄いオーラを放ち、笑うと人を包み込む温かさを感じさせる方でした。

姫野先生を存じ上げる人が年齢的に次第に少なくなってきており、かねがね何か残しておく必要性があると心から感じていた時、まさに偶然にも山口さんにお会いできたことに、驚きと感激で心が震えたのです。

信州のどこに住むか探していた頃、偶然にも山口さんの住んでいる市の隣の村に住むことができたこと、そして宮田さんという方をプールで知り、その宮田さんの恩師が山口さんだったこと。偶然があまりにも重なり不思議に思うのです。これも姫野先生のお導きかと思っています。

筆者の人生における節目節目にアドバイスを頂いたことで〝現在の自分があるのだ〟と心からそう思っています。

姫野先生が入定されて五〇年を超えますが、今でも〝神に口なし、人に口あり〟とでもいいますか、誰ともいわず、人の口を通じてアドバイス、お導きをいただいています。筆者は、姫野公明先生という人に近づき知ってからというもの、神を信じ、霊界という世界に何かあるかもしれないと思い始めていたのです。

行動の源泉力となる心というものの意図の根源には、すべて目に見えぬ何か深い意図が用意されているようにも思うのです。例えて言いますと、〝今日はどこどこへ行きたい〟と思う心、〝何をしたほうが良い〟と思う心、また〝誰々に会ってみたい〟と思う心、その心をして心たらしめるものに何か（神霊意？）が働いているように思う時があります。

二　あの世からのメッセージ

（一）師の顔写真に金箔が現る

人生の大部分を占めるサラリーマン生活を夢中で働き、家族を養い、大過なく生きてこられたのは、師のお導きがあったからこそと思っています。

さて、無事に定年を迎え、この長い会社生活を終えたとき、故郷の姫野講の人たち・梨本宮殿下・姫野先生と一緒に映った写真が田舎にありましたので、感謝の意味をこめて、その写真の先生の映っている部分を引き延ばして仏壇に飾っておきました。すると、いつの間にか先生のお顔に金箔が現れているではありませんか。信じられない不思議なこと、不思議で考えられない現象が現れたのです（口絵写真）。

人間は死後、誰でもこの世に何らかの意思表示ができるものなのか、霊能力者・姫野公明師だからできるのか、現世に生きている人間には理解ができないことです。現在、科学の進歩によって科学的に証明されなければ信じることができないという世の中の人心ですが、この厳然たる事実は、どんな科学的技術を駆使しても証明できないでしょう。不思議です。

実際に顔写真に金箔が現れ、〝なにか筆者に伝えたいのでは〟と考え、思うのです。

まだ筆者が若いとき、姫野公明師の目黒の公明院を訪問した際、師は「私は伊勢に行って神になり、あなたと話ができます」と言ったことがはっきり記憶にあります。その時はいったいどういうことか、あまり関心もなければ深く考えてもみませんでした。〝神になる〟とは、おそらく神格化することだったと、今になって思うのです。筆者に理解力や関心が無さそうだから「神」と言ったのだと思うのです。このことも理屈や宗教的見地からも納得できる説明はできないと思うのです。他の物理的に不思議なことは科学技術が進歩すれば時間とともに解明されるでしょう。しかし、このことは永遠に不思議なこととして解明されることはないでしょう。

筆者は八十三歳の現在、残りの人生をどう送っていったら師に褒められるか、いつも考えています。そして毎日、師に話かけています。

(二) 天命稲荷大明神で入定された師と映る

あれは確か昭和三十七年か三十八年（一九六二、六三）頃、目黒の公明院に先生を訪問したときです。簡単なご挨拶のあと、いきなり「泰雄さん、絵を描く人、知らない？」と聞かれたのです。まだ二十歳そこそこ、ましてや信州の田舎から出てきた人間が知る由もありません。その時、何か説明があったような記憶があるのですが、はっきりしません。

しかし、その後しばらくして、テニスの帰りに顔を出したときです。タイミングがいいと言いますか、不思議な縁といいますか「こういう人が現れたのよ」と話され、先生の後ろに大きな白布に墨で描かれた天命稲荷さんが立っておられたのです。そのとき、どう現れたのか説明があったようですが、その時の記憶は定かでないのです。ただ「祈れば、なんでも聞いてくれますよ」と言われたのは、はっきり覚えています。若い頃ですから〝そういう神様もあるのか〟〝有り難い神様〟ぐらいにしか思いませんでした。

その後、「天命稲荷さんが姫野先生を呼んだ」（親の言）ことから、「公恵先生（二代目住職）と熊の出るような山野を探すのに大変だった」という話を帰省したときに親から聞きました。両親は天命稲荷さんに奉納する祈り旗をつくり、私が帰省するのを待っていたのです。筆者は四人兄弟ですが、なぜ両親は筆者を待っていたのか分かりません。今思うと不思議ですが、何か天命稲荷さんとのご縁を感じております。その祈り旗を奉納しに両親と天命稲荷神社に行きました。その時、初めて先生が「こういう人が現れたのよ」と言われた天命稲荷さんに、石像の姿でお会いできたのです。現在「アルテミス計画」という二〇二五年に人類が再び月へ行く計画が発表されていますが、初めての月面着陸が話題になったとき（アポロ11号）、一方の地球上では千年を超える人が現れたということの事実、その対比を強烈に感じた覚えが確かにあります。

現在、公明院からは立春に、天命稲荷さんの御札を頂いておりますが、家内が毎朝、お水を、月初めには、お酒、榊をあげてお詣りしています。今、天命稲荷さんのご加護をいただき、幸せを感じ日々過ごしているところです。

ところで、本項に関することで、不思議なことがありました。兄と天命稲荷さんにお詣りしたときのことです。兄は天命稲荷さんの額のところに姫野先生が現れたこと（第十四章「四『霊魂不滅』の額に現れた思い出」参照）を知っているので、兄が「姫野先生と一緒に映りたいのなら、〝出てきてください〟と言ったら?」と半分笑いながらカメラを構えて言うので、私は心から「先生、出てきてください、一緒にお願いします」と言って撮ってもらったのです。すると、先生が袈裟を着て、お笑いになって影絵のように一緒に映っているではありませんか(口絵参照)。これはどう説明したらいいのでしょう。これも霊の世界というものがあり、何かそこからのメッセージのような気がします。

三　姫野公明師、千年を超える人の声を聞く(千二百年前の再現)

(一)天命稲荷大明神の顕現

前記の天命稲荷さんの顕現について記します。

昭和三十七年(一九六二)のこと、長野県上高井郡若穂町というところに、今井恵雄さんという農家がありました。この今井さんは身辺に不幸が重なったため、公明師に依頼して祈祷していただくと、〝塚の祟り〟であることが分かったのです。

そこで師は五輪塔を作り、八月十四日の夜にかけてこの家の霊を慰めるべくお加持をしたのです。あたりは桑畑になっていて、この中の一角に五輪塔が建立されました。

師が立って読経すると、師自身も驚くほどに金剛経がとめどもなく口をついて出てきたといいます。二時間近くも読経していると、そのうちに、

「我等一門の長が戸隠人塚に鎮まっている。誰もお祀りをしてくれない、汝必ず奉斎せよ、さすれば如何なる願望にも応えるであろう」

と聞こえてきました。夢想だにしなかったことであったので、姫野師は驚きながら戸隠に急いで帰山して、戸隠神社の宮司に人塚というものを調べてもらうと

「今から千二百年ほど前の文献に遺されている」

ということが分かったのです。いわゆる若穂の天命稲荷は、戸隠の天命稲荷の眷族であったのです。その場所は人跡未踏の深山であって、とても簡単に行けるところではないこと、また、たまたま炭焼等でそのあたりに入ると、昼でも、〝ボソボソ、ボソボソ〟と人の声が聞こえてくるような寂しいところであるとされているとのことでした。

日を期して、姫野師は三人の同行者（一人を案内人として）と共に、この人跡未踏の原に向かったのです。道もない藪を鎌で切り開いて、奥へ奥へと進んで行ったのです。

師の語るところによると、「そのうち、ふと見ると、すぐ近くの木に骸骨が二つ見えた」。この幻は同行の三人にも見えたといいます。その近くを〝このあたりだろう〟と探すうちに、大きな塚（古墳）が発見されたのです。

姫野師がこの前に立って読経すると、

「稲荷として祀ってくれ」

という声が聞こえました。師は

げます」

「こんなところに祀っても、誰もお詣りに来ないでしょう。奥社の近くにお連れしてお祀りしてあげます」

と、目の前にいる人に向かって話すが如く言うと、持参した箱にその塚の土を入れて帰ろうとしました。すると、たちまち一面暗くなってしまい、今しがた辿ってきた道が分からなくなってしまったのです。(その時、「狐や狸などにやられたときには、すぐ解く法があるが」と師は言ったといいます。)

なんとも仕方なく、その日はそこで泊まるという決心をしましたが、案内人の戸谷さんとほかの一人は、「こんなところで野宿していたら、熊に襲われるかもしれないから帰る」(今でも「熊出没注意」の立て看板が掲示されています)と言って聞きません。それではやむをえぬと、師は弟子の公恵尼の二人だけでの野宿を決心し、二人を送り出しました。

しばらくして、先刻帰った戸谷さんたちが「先生、先生」と言ってこちらに帰ってきます。〝来た道を辿っているつもりなのに、どうしても道が分からなくなってしまいそうだから、一緒に野宿させてください〟とのこと。結局、全員で火を焚いて夜を明かしたのです。

翌日、箱を背にして帰ろうとするとまた、たちまちあたり一面が暗くなってしまう。姫野師は

「これは、この霊がここに居りたいということだ」

と気づいたのです。他日、五輪塔を作って持参し、この塚の前に据えて祀ろうと決断し、読経していると、そこに一人の神人が現れて、師に姿を見せたのです。師には、〝頭には星を頂き、右手に

は鉾を衡き、左手には炎炎とした火焔を挙げて持ち、項(うなじ)には勾玉(まがたま)を掛け、足下には八十歳位の翁がかしづいている姿〟が見えたと言います。古代神人の姿です。そして
「お前にお寺を建ててやる」

と言ったそうです。この頃、お寺を建てるなどということは、師はまったく考えていなかったので驚いたそうですが、後日、これが実現し、戸隠公明院も改築、東京・小金井に分院が建立されたのです。

　この話を、今日の人たちは〝行者の一幻想〟として受け止めるかもしれませんが、それはその姿なりが行者以外の私たちには見えず、聞こえないからでしょう。

　当時長野県の企業局が若穂町大門付近一帯に宅地造成の工事を行っていました。このあたり一帯は「長原古墳群生地」として知られており、昭和三十七年（一九六二）八月十四日、姫野公明師が今井宅の供養のとき「塚の祟りがある」と言ったのも、この古墳のことだろうと思うのです。企業局は、昭和四十二年五月に明治大学の考古学教室に調査を依頼しており、何ヶ所も発掘しております。やはり千二百年以前のものであり、どうも渡来人のものではないかとのことでした。

　このことを考えると、現代の唯物的科学を超えて、率直に霊魂の不滅を信じないわけにはいかないと思うのです。千二百年という時間の流れを飛び越えて、その頃生きていた人の霊が霊媒能力を持つ姫野公明という人を通して姿さえ見せる。このことは、事実として受け止めざるをえない気がします。

霊魂の存在とは、時間と空間を超えるものなのでしょうか。千二百年という気の遠くなるような時間も、霊界においては短い時間なのでしょうか。姫野公明師に語る霊は、姫野という一人の驚くべき霊能力を持った人を待つために、一千年以上も迷い探していたのでしょうか。唯々霊界の不可思議と神秘が思われるのみです。

師が常に「霊魂不滅ですよ」と説いていたことが蘇るとともに、その実証ではないでしょうか。

(二) 鬼女紅葉の声聞く

はじめに「鬼女紅葉」の話を略記しておきます。この話は平安時代の話になります。

奥州会津に笹丸と菊世という夫婦が住んでいました。二人の間に子はなく、なんとか子供を授かりたいと思っていましたが、あるとき「第六天の魔王にお縋り(すが)しなさい」と教えられ、早速、身を清めてお願いすると、それはそれは美しい、玉のような女の子を授かりました。その子を「呉葉」と名づけ大事に育てましたが、呉葉の美しさといったら姿ばかりではなく、「読み」「書き」「和歌を創る」、とりわけ「琴を弾く」ことにかけては天才的でした。やがて、呉葉の評判は広がり、琴を教えるようになりました。

ある暑い夏の夕方、今をときめく源経基(つねもと)公の奥方が、四条河原に涼みに来ました。その帰り、ふと近くの家からとても美しい琴の音が聞こえてきたので、奥方は「ぜひもう一度聞かせてください」と頼みました。それが縁となり、呉葉は経基公の奥方の一番の女中に出世しました。そして彼女の琴の評判が経基公の耳にはいり、ある日、大勢の前で弾くことになりました。呉葉は、日頃から信仰していた第六天の魔王に成功を祈り、大成功を収めました。

その後、呉葉は奥方が邪魔になってきて、奥方が病気になって亡くなるよう、毎晩第六天の魔王に祈りました。しかし、僧侶にその悪事が見つかり、呉葉たち親子三人は信州の戸隠に流され、荒倉山の岩屋に住むようになりました。ところが罪人として流された呉葉（＝紅葉）でしたが、その美しさと妖術を使って病人を治したり、裁縫や琴を教えたりしたので、村の人たちは紅葉を尊敬するようになりました。

暮らしが落ち着くと、紅葉はもう一度、京都へ帰って経基公に寵愛され、贅沢な生活がしたいと思うようになりました。その噂はついに京都の天皇の耳にまで達し「鬼女紅葉を退治せよ」という勅令が平維茂（これもち）将軍に言い渡されました。維茂将軍は本陣を塩田（上田市）に構え、第一陣の総大将・河野三郎に命じて鬼女退治に向かわせたところが、裾花川のほとりに来ると突然空が暗くなり、火の雨、大洪水が押し寄せ、河野三郎の軍はひとたまりもなく押し返されてしまいました。

敗戦の知らせを受けた維茂は「紅葉ごとき女に何を恐れているのだ」と怒り、第二軍・成田左衛門が総大将の軍を送るも火の雨と洪水によって、どうすることもできませんでした。

維茂将軍は「もう我慢できない、紅葉め、私が退治してやる」と剣をとり、作戦を練ります。

別所温泉の北向観音

そして、別所温泉の北向観音に一七日間、断食の願をかけ、満願の朝、夢枕でもらった「降魔の利剣」を持って鬼女の洞窟を襲いました。観音様のお力か、突然の攻撃に妖術を使おうとした紅葉の身体は硬くなり術が使えません。維茂は降魔の利剣で紅葉の首を刎ねたのです。首は七回、宙を飛び、空の彼方に消えました。そして、鬼女紅葉の身体は、地上に倒れ、死んでしまったのです。

信濃なる北向き山の風さそい　妖し紅葉は疾くとちりにけり

と維茂将軍は歌を詠みました。

この話は、謡曲「紅葉狩」の題材にもあり、よく知られています。

戸隠には、「鬼女紅葉伝説」にまつわる史跡や地名が多く残されています。

次に姫野公明師の「鬼女紅葉」に関することについて記します。

「紅葉の墓」とされているところは、旧柵（しがらみ）村（昭和三十二年（一九五七）に戸隠村と合併、その後、平成十七年（二〇〇五）に長野市に合併）の山深い地区の洞窟にありました。

別所温泉にある平維茂の墓

ところが姫野公明師が、柵村長はじめ同行した人びととこの墓をお祀りするため読経していると、師に紅葉の声が聞こえたのです。

「ここではない。ここではない」

と。読経を止めた師は

「紅葉の墓はここではない、別のところを探してみてください」

と村人に伝えます。そして村人総出での探索がなされました。一年ほどかかったそうですが、新たに発掘された場所からは食器類等が多く発見されています。この紅葉の墓にまつわる経緯は、戸隠に残っている不思議な話として現在も語り継がれています。

姫野公明師は、一千年以上前の人の霊と交流していることになります。このようなことが、なぜ師にはできるのか、不思議というほかありません。天命稲荷大明神の顕現もそうですが、「人間の霊というものは不滅」であることの「証」なのでしょうか。永遠の謎です。

第十章　姫野公明師の驚くべき霊験力の証

一　先が見える知見力

（一）沖縄施政権返還に新事実

〈「読売新聞」論説への批判〉

沖縄施政権は、昭和四十七年（一九七二）五月十五日にアメリカ合衆国から日本国に返還されたのです。令和四年（二〇二二）はちょうど返還五〇年の節目の年にあたり、返還日の五月十五日には東京と沖縄の二会場で記念式典が、東京・高輪のホテルと宜野湾市の沖縄コンベンションセンターで同時に開催されました。

政府主催の式典が二会場で行われるのは復帰当日以来、岸田首相は就任後初めて沖縄県入りして沖縄会場で参列しました。天皇陛下と皇后陛下は、新型コロナウイルス感染症の影響でオンラインでの出席となり、お言葉を述べられました。

令和四年年五月十五日付の「読売新聞」の一面に「沖縄を知る再出発の日に」と題し、論説記事が大きく掲載されました（編集委員・飯塚恵子氏）。それはこうです。

沖縄の歴史は、日本の政治の裏面史のように感じる。その理由の一つは、日米の沖縄返還交渉での密約のように、実際に明らかにされない史実が多かったこと。もう一つは大半の県外の人間に沖縄の過酷な歴史がそもそもあまり知られていないこと。明治政府による琉球処分、太平洋戦争末期の沖縄戦、二七年間の米国統治、米軍基地と共にあった復帰後の半世紀……日本の国家としての安定や安全が依拠する出来事が多いにもかかわらず、本土での学校教育はそう充実していない。むろん沖縄の人々は過去の恨みや不安ばかりに拘泥しているわけでない。今なお在日米軍用施設の七割を抱える基地負担が重い。（以下略）

筆者はこの論説記事を、ここに挙げられた二つの理由こそが日本国家の安定や安全のよりどころであったにもかかわらず、その過酷な歴史を教育に取り入れてこなかった、そのために本土の多くの人びとの「沖縄を理解し沖縄の人びとに寄り添う心」が希薄になってしまったと理解し、読みました。そして飯塚氏は、このことが少なくとも沖縄の発展を妨げ、あるいは遅らせてきた原因の一つでもあるのではないかと言いたかったのでは、とも推測するのです。

しかし、この二つの理由が日本国家の安定と安全のよりどころとして並列に挙げられてはいますが、前者、すなわち沖縄返還密約交渉について筆者は、この理由としては受け入れられないのです。何故この沖縄返還の密約が、日本の安定や安全に依拠する出来事として挙げられ、論理を構成しなければならないのか理解に苦しむのです。筆者は沖縄の密約について、次項に著すとおり新しい事実があることをよく知っております。さらに、いまだに多くの人びとには不思議ととらえられていることも十分承知しております。

沖縄返還密約により、本土復帰後も多くの問題が残り、現在まで続いております。しかし密約により、時間的により早く本土復帰が実現し、様々な課題を抱えられながらも、沖縄が発展してきたのも事実です。したがって、沖縄返還五十周年という記念すべき大新聞の論説に対し、失礼を省みず、筆者の感想を記した次第です。

〈姫野公明師、沖縄返還に佐藤総理大臣を導く〉

密約については、大阪産業大学教授・若泉敬氏の著書『他策ナカリシヲ信ゼムと欲ス』に六〇〇ページにわたり、その全貌が記載され公にされています。

密約について論ずるには、当時の社会的状況を紐解いて考える必要があります。当時の総理大臣・佐藤栄作はじめ多くの国会議員は、当時の状況では沖縄返還など到底考えられないと思っていたのです。当時はベトナム戦争が激しさを増し、沖縄から爆撃機B29がベトナムに盛んに飛び立っており、さらには米ソ冷戦下の東アジアの要の基地がある沖縄の日本への返還など、その発想さえなかったからです。当時の外務省で沖縄関係を担当していた栗山外務審議官も著書の中で、〝まったく考えていなかった〟と著しています。

筆者が思うのは、佐藤栄作総理の密約により、沖縄返還がより早まったことは事実であり、また平和裏に返還されたということです。このことは、政治史上稀にみる大きな功績であることは、史家も含めてどなたも認めているところです。その後沖縄は、様々な課題を背負いながらも発展してきています。現在、多岐にわたり抱えている問題は、やはり日本の政治家はもとより本土国民の理解と沖縄に寄り添う心が希薄であったことによるものであると思うのです。

姫野公明師という稀にみる霊能力者が佐藤栄作総理にアドバイスし、導き、沖縄を返還させた詳細な経緯は、拙著『姫野公明の奇蹟』（ほおずき書籍）にありますので、ここでは要約だけ紹介します。筆者は沖縄返還密約について、読者の皆様に新しい事実としてとらえていただきたいと切（せつ）に願い、ここに著しておきます。

昭和四十七年（一九七二）五月十五日、沖縄の施政権がアメリカ合衆国から日本国に返還されたことは前記のとおりです。沖縄は第二次世界大戦の終末時に「日本国土の防波堤」とも呼ばれ、壮絶な戦い、いわゆる「沖縄戦」により民間人もその戦いに駆り出され、総勢二〇万人もの尊い命が失われたのです。戦後七六年を経て、悲しいことにこの事実は、時間と共に忘れられようとしています。

終戦後も、沖縄や小笠原は日本に返還されず、特に沖縄は日本並びに東南アジアの平和維持のための米国の軍事基地として必要だったのです。現在でも、沖縄には基地問題をはじめ様々な問題、課題があることはご存じのとおりです。

姫野公明師は昭和二十年（一九四五）、信州戸隠で第二次世界大戦（太平洋戦争）の終結を迎えました。そしてこの終戦末期の熾烈な沖縄戦で二〇万人という多くの尊い命が失われたことに、師は、特別に心を痛めていたのです。常に早く沖縄に行って、亡くなった方がたの霊を慰めたいと時機を伺っていたのです。

時あたかも池田内閣から佐藤内閣への移行期、師はこのタイミングをとらえて佐藤総理にアドバイスして、アメリカ合衆国から沖縄の施政権を返還させ、失われた尊い命の慰霊に行くことを考えていたのです。当時の外務省は「沖縄返還」などには思いも及ばず、不可能とさえ考えていた時期です。なぜなら前記の通りベトナム戦争の真っただ中、沖縄からB29爆撃機が激しく飛び立っていたからです。

姫野公明師は佐藤総理に「外務省がだめなら、直接ホワイトハウスにアタックしてください」とアドバイス。佐藤総理は戦前、鉄道省にいた人で「レールと時刻表がないと走らない」というほどの手堅い男という評判でしたが、沖縄交渉だけは、レールも時刻表もなく〝見切り発車〟したことを、多くの評論家はもちろん同僚の政治家さえ驚いており、返還から五〇年を経た現代においても、不思議という論調が主要全国紙に見られます。すなわち佐藤は、池田から昭和三十九年(一九六四)十一月九日に内閣を受け継いだ後、すぐに翌昭和四十年一月十日に椎名悦三郎外務大臣、三木武夫自民党幹事長を伴って羽田を飛び立ち、ジョンソン大統領と会談したのです。

佐藤が何故重い腰を上げ、交渉を急いだのか、いまだに不思議だと言っている評論家が多くいます。姫野公明師は佐藤に「返還を実現するには二、三の政治生命を賭けなければなりません」と言っています。佐藤総理は、〝信仰〟に近いと言ってよいほど信頼していた姫野公明師の言葉を聞き入れ、政治生命を賭けた行動に踏み切ったのです。そして、アメリカ政治に詳しい大阪産業大学教授の若泉敬氏を密使とし、いわゆるよく言われている「沖縄返還密約交渉」により返還を実現させていったのです。

結論のみを記しますが、その時、この密約に関わったのは五人だったのです。アメリカ側はリチャード・ニクソン大統領、ヘンリー・キッシンジャー国家安全保障担当補佐官、日本側は佐藤栄作総理大臣、若泉敬、それに表には出ない姫野公明師だったのです。

〈返還密約の立役者、若泉敬氏〉

若泉氏は、キッシンジャーとの交渉により返還の見通しが立った後、佐藤・ニクソン最終会談に先立ち、首脳会談の成功を心から祈って自分の大切に持っていた「お守り」を佐藤総理に手渡しています。氏は、「総理は喜んで受け取ってくれた」と、その時の様子を次のように著しています。

「たしかに、預かって行くよ」

「日本民族にとって歴史的な首脳会談で、日本国の内閣総理大臣として、最善を尽くして立派に成功させてきて下さい」

私（若泉）は心の底から湧き出たこの一言に総理もいたく感じ入ってくれたようだ。しばし、私は真情をこめて相手の眼を見つめて、離さなかった。

この日の朝刊は、各紙一斉に訪米に臨む佐藤総理についての社説を掲げています。今回の首脳会談が「民族の悲願」であり「〝核抜き・本土並み〟が最低条件」、「神聖な領土回復を〝繊維と取引をするな〟」と言っている論調が多かったのです。日本民族の運命の前日とでもいう日の佐藤総理の日記には

「快晴、予報では今日は雨、明日は晴れとの事だが、今日も無風、晴れ、明日が案じられる。午前中勉強、午後墓参、吉田先生と松岡の伯父、帰宅すると保利が靖国神社に参拝してやってくる」

とあります。

その後、帰国してから、いつもの簡素な公邸の応接に現れた総理は深々と若泉氏に頭を下げて

「どうも今度は、大変お世話になりました」

と丁寧に礼を言い、嬉しそうな表情で

「君のこれ（お守り）のおかげもあったよ」

と言って最初に「お守り」を返された。

「いや、本当にありがとう」

と言っていたそうです。

佐藤総理はやさしい信心深い人であり、今、あの世で姫野公明師と昔を懐かしみながら日本の行く末について語り合っていることでしょう。

若泉敬氏は一九七二年の返還後、一九九四年、国家の機密事項を公にした結果責任をとるため、五十六歳の若さで自らの命を絶っています。（合掌）

この意思は、初めから堅かったようです。前記、氏の著書『他策ナカリシヲ信ゼムと欲ス』には六〇〇ページにわたり密約の全貌が詳細に書かれています。現在（二〇二二年）も外交ジャーナリストとして活躍されている手島龍一氏は、「せめて英語版が出来るまで命だけは……」と説得しています。

氏のこの著書『他策ナカリシヲ信ゼムと欲ス』の中の一文を載せておきます。

多くの関係者の尽力によって、沖縄の祖国復帰という回天の大事業が成功裏に成しとげられるならば、私一個の存在など、世に知られること無く、歴史の闇の奥深く消え去るべきであると思われた。……（中略）……私は自分自身の意識の襞（ひだ）に刻み込まれている。想えば、若い頃から生意気にも〝天下国家〟を論じてきただけに、このような大事業に深く関わることが出来ただけでも、そして、私の微力を国家と国民のために役立てることが出来ただけでも、望外の幸せであった。このような機会が与えられたことを、改めて天に感謝した。名もなき平凡な一日本人として生まれ育って、これだけの大事に参画できれば、男冥利に尽きるといってよい。私はかねてから考えていたように、佐藤首相とキッシンジャー氏の前から、もはや特別な関係をもつ者としては姿を消し去ろうと決意した。

若泉敬という人は、凄い方です。氏に対し、私どもは命がけで沖縄の施政権返還にご尽力されたことに敬意を表し、その功績を忘れてはならないと思うのです。今後、「人間・佐藤栄作」「沖縄返還」「昭和史」を研究する皆さんには、厳然たる事実として、「姫野公明師」という人が関わっていたことを明らかにしてほしいと願うとともに、佐藤総理のもとで尽力された「若泉敬」という人のことを決して忘れてはならないと思うのです。

実は二〇二〇年に、沖縄を専門に長年研究されている関西の某大学の有名な偉い先生に、筆者のこの想いを手紙に認め（したた）拙著（姫野公明の奇蹟　ほおずき書籍）とともにお送りし、歴史上のこの事実を明らかにしてほしい旨、お願いしたのですが、残念ながら無視されております。きっと研究対象にならなかったのでしょう。将来、どなたかが世の中に明らかにしてくれることを期待します。

沖縄戦で倒れ、散華した島内の自然窟には、今なお数千の遺骨が放置されたままになっていると言われています。生きて生を享受している私どもは、後世にこの事実を伝えることを、沖縄返還五〇年を機に、新たに肝に命じなければならないと思うのです。

(二) 日ソ不可侵条約は破られる――姫野公明師、軍部高官に直言

ソ連に対し、どう考え対応したらいいかということは明治以来、四〇～五〇年の間、日本外交の特別の問題でした。現在においても北方領土問題などはいまだに解決されておらず、両国間において平和条約も結ばれていない状況です。

時を遡って第二次世界大戦においても、日ソ不可侵条約というものがどこまで信頼していいかという問題があったのです。

ソ連は昭和二十年（一九四五）八月八日（モスクワ時間一七時）に突如、ポツダム宣言への参加を表明した上で「日本がポツダム宣言を拒否したため連合国の参戦要請を受けた」として宣戦を布告、条約を事実上破棄したのです。

昭和二十年一月中旬、近衛文麿公は小畑四郎中将を真崎大将邸に訪問させ、日ソ不可侵条約の信憑性を尋ねています。真崎大将はこの時、この戦争は初めからソ連の遠大な陰謀にひっかかって起きたことを述べ、日本は最後のとどめをソ連によって刺されると断言しています（山口富永著『霊は生きている』栄光出版）。

二月十四日、近衛公は戦争終結を決意して、この真崎大将の意見に基づいて日ソ不可侵条約は信頼できない旨を上奏しました。陛下はこのとき

「一週間前、参謀総長の梅津の言うには、ソ連は決して満州には出てこないと、信頼して可なるこ

とを上奏して帰った」

と仰せられています。

八月六日、広島に、続いて九日には長崎にも原爆が投下されるという、日本の危機的状況をみて、ソ連は突如として満州に侵入し、不可侵条約を一方的に踏みにじったのです（山口富永著『近衛上奏文と星道派』国民新聞）。

「日ソ不可侵条約は絶対信用できぬ」

これが姫野公明師の霊告であったのです。

戦時中のある日、戸隠に参拝した某海軍中将が某大将と共に師を訪ねています。師は地図を広げて、ソ連は必ず満州に出てくることを霊告により分かっていたのです。この話を聞いた両高官は、事の意外さに驚いたという事実があります。

ポツダム宣言とは一九四五年七月二十六日、ポツダム会談においてアメリカ、イギリス、中華民国（後にソビエトも参加）が発した対日共同宣言で、日本に降伏を勧告し、戦後の対日処理方針を表明したものです。「軍国主義の除去」「領土の限定」「軍隊の武装解除」「戦争犯罪人の処罰」「日本の民主化」そして「連合国による占領」を求めています。日本政府は、宣言が出された当初は黙殺したものの、広島、長崎への原爆投下、そしてソビエトの対日参戦を経て、国体護持という条件の下、八月十四日受諾、翌十五日に終戦を迎え、九月二日、降伏文書に調印し、ＧＨＱの占領が開始されました。

二　時間を超えた験力

（一）既にお迎えが来ている

元フジ機器（株）社長の雨宮浩氏の言を記しておきます。

雨宮さんは、松川様という方の紹介で、昭和四十二年（一九六七）に初めて姫野先生にお会いしています。

「初めの頃は心の中まで見透しされるので、内心ビクビクものでした」

と言っておられます。

雨宮さんの母親は昭和四十二年一月に心筋梗塞で倒れ、慶應病院へ入院しました。しかし過去において五回、発作があり、医者から厳重に注意されていましたが、あとはケロッとしていたというのです。ところが、ある日の発作はただごとでなく、一晩中苦しみ、翌朝、入院したのです。そして、松川様の勧めで姫野先生に相談に行ったのです。先生は
「あの人は既にお迎えがきている」

とおっしゃられたとのことです。それを聞いた松川様と雨宮さんは、まさか母にも言えず、何人かの親しい方に話し、相談したそうです。その後、元気になり退院して皆に挨拶などしたそうです。普通と何ら変わらない状態だったのです。松川様や母を知っている方がたも
「神様でも、たまには間違いがあるものだ」

と話していたそうです。

ところが、半年もたたないうちにまた倒れ、非常事態になり緊急入院、入院してからまた姫野先生にお伺いにいったそうです。先生は

「一月十六日を越せば何とかなるが、人の寿命は神の司る敬虔なものであって、お迎えが来てしまった以上、仕方ない」

と言われましたと。そして、先生のお話のとおり、十六日は越せずに十四日に息を引き取ったのです。

「それにしても、人の死を半年も前にズバリと言い当てられる力の不思議さには驚くほかないのです」と雨宮さんは言っていました。

(二) 眠っている無縁仏が判る

長野県小川村の鎌倉六兵衛さんという地方の旧家の方の話です。

私の村の小根山というところに額塚というところがあります。私と主人は先生から度たび〝無縁仏を供養しなさい〟と申されておりますので、ここをお詣りしております。

先日、姫野先生においで願って、お経をあげていただき、この額塚にお詣りしました。この時、先生は一心に読経されていましたが「まだたくさん、この右側のほうにいて、〝私も仲間

に入れてください〟と言っております。塔か何かあるはずだから、探してみてください」と言われるので、皆で探したのです。間もなく、近くの藪の中から塔が出てきたのです。

「アー、気の毒に、コレもアレも皆、仏さんですよ。ここへ集めてください」と言われ、供養したのです。

鎌倉さんは「仏像のこと、人の骨のことについて、姫野先生が驚くほど正確に当てられてびっくりする」と言っていました。

三　除霊力

(一) 戸隠役場の事件

昭和十七年（一九四二）二月、零下二〇℃になる厳しい寒風の中、公明尼と弟子の公恵尼が籠もり修行に励んでいた頃、戸隠村が大騒ぎになるような事件が発生しました。

戸隠村役場では、奇妙な現象に悩まされていました。それは、助役の椅子にまといつく悪霊の噂です。不思議なことに役場の助役の椅子に座った人は、必ず倒れるというのです。その時の助役であったM氏もまた、ある日、突然倒れ、昏睡状態に陥りました。医者の診断は脳溢血で、もはや時間の問題とのことでした。当時はこれといった治療法もなく、頭を冷やして安静に寝かせるだけで

あり、M助役の昏睡状態は続いたのです。村人の間に
「いっそ、奥社に籠もり修行している姫野公明さんという方にお願いしてはどうだろう」

という声が起こりました。早速、選ばれた代表が奥社を取り巻く厳冬の森へと向かいました。男性が深雪を踏んで行場に近づいていくと、公明尼と公恵尼が護摩を焚いて修法祈祷を行っている真っ最中でした。千古斧を知らぬ大森林の奥深くに赤い炎が揺らめき、白い雪の上で護摩の木がパチパチと音を立てて燃えていました。霧のように煙が漂う中、白衣に身を包んだ二人の女性が唱える一心不乱の呪文が、低く、そして高く流れ、静かな森の中に響いていました。

男性は、神域を覆う森の奥深くで行われている密教の秘儀を盗み見て、畏怖の念に打たれました。思わずその場に釘付けになりましたが、それもほんのひと時のこと。倒れた助役、その家族、役場の職員の縋(すが)るような表情を思い起こして、勇を奮って声を掛けました。

「あの……あのー、上野（役場のある土地）から来ましたのだけど……」

護摩の修法は中断を許されません。ですが、男性の声には必死の響きがありました。振り返った公明尼は、男性の語る内容を皆まで聞かず
「私は戸隠山へ修行の目的で入った者、この地で布教するつもりもなければ、世間の人たちと交わるつもりもありません。けれど、たいそうお困りのご様子。同じ地にある者どうし、これも何かの縁、人目につかぬ夜分にも伺いましょう」

と答えました。

公明尼は深夜、白装束の法衣に身を固め、錫杖（しゃくじょう）を手に、弟子の公恵尼を連れて助役の家に現れました。早速座敷に檀をしつらえ、大きな護摩を焚いて祈祷を行いました。そして「二、三日のうちに意識を取り戻しましょう」という言葉を残して立ち去りました。家の中での時ならぬ護摩の炎や煙に驚いた家人は、姫野公明師の後ろ姿を見送りながら、呆然とその場に立ち尽くしました。そして次の日、助役は意識を取り戻したのです。村の人びとはこのことに驚き、言葉もなかったことでしょう。助役はその後、元気になり、職務を務められるようになったのです。

それまでは、村民から異端視されていたお二人（公明尼と公恵尼）でありましたが、これ以後、姫野公明師に対する村民の態度は一変し、悩み事の相談に訪れる人びとが連日のように押しかけるようになりました。

役場の助役の椅子の下には、石地蔵があり、懇ろに供養されたのです。

（二）川添正道医学博士の亡霊を除く

川添正道医学博士は、当時慶應義塾大学の有名な医学博士で、八十八歳で亡くなった際には慶應葬が行われたほど、医学界に貢献された人です。この川添博士が六十九歳のとき（昭和十三年）、病気になりました。東大の稲田悟博士はじめ天下の名医が何回も診察しましたが原因が分からず、衰弱していくばかりでした。川添博士は法華教信者なので、この宗派で二一日間も祈祷してみましたが、効果はありません。

そして、ついに姫野公明師のところに依頼がきたのです。師が行ってみると、川添博士の寝ている周囲に何十人もの亡霊がじっと覗き込んでいるのが見えたのです。これは容易なことではないと知った師は、相模の行場、大山の神社の社務所を借りてここに籠もり、早朝五時に起きて一里ばかり奥にある本殿に参拝すると、いちいち霊告があったのです。

その霊は「明日は耳から血が出る」「その次は目から血が出る」……と直接注意し、〝その時はこうこうせよ〟という指示に従っていくうちに、さすがの難病も次第に回復し、川添氏は元気になったのです。

川添博士はその後、すっかり元気になって八十八歳の長寿を全うし、最後までメスを執っていたそうです。

博士が戸隠を愛し別荘をもったのは、姫野公明師にお世話になったという感謝と師を慕う心からであったのでしょう。

第十一章　姫野公明の驚きの霊知力、験力（げんりき）の証

一　戸隠から俺の家の中まで見透すとは（『大野伴睦回想録』より）

元衆議院議長／元自民党副総裁／元国務大臣　大野　伴睦

詳細は『大野伴睦回想録』または拙著『姫野公明の奇蹟』（ほおずき書籍）をご覧ください。ここでは、その要約と筆者の感想について記してみます。

大野伴睦という人は、典型的な〝党人政治家〟として親しまれていました。また「政治は義理と人情だ」「猿は木から落ちても猿だが、代議士は落ちたらただの人だ」などの名言で知られた人です。また「伴睦殺すにゃ刃物はいらぬ　大義大義と言えばいい」とも言っていた人です。

大野氏のことを調べていて〝凄い〟と思ったのは、あの読売新聞グループの〝ナベツネ〟こと渡辺恒雄氏が「伴睦付き」の政治記者だったこと、また北海道開発庁長官時の秘書であった中川一郎氏を説得して政界入りさせたことです。

義理人情話に事欠かない政治家でしたが、大野氏が自宅にいる時、たまたま泥棒が入ったことがありました。外遊の用意をしていた氏は、平然と金を渡すと「今、これしかないが、もっといるか？」と聞きました。大野の思いもよらぬ対応に飲まれた泥棒は、逆に「これから一生懸命働いて、このお金は必ずお返しにきます」と言ったそうです。

さて大野氏は、政治の仕事をしながら、一時、仏像の収集に凝っていた時期があったのです。家の中は仏像だらけで、岐阜から上京した母に「お前の家はお寺さんのようだ、素人が仏像など集めるのは良くない、知り合いかお寺さんに一日も早く納めなさい」と叱られると、渋々それらを菩提寺に納めました。しかし、若い時に惚れ込んだ「愛染明王像」だけは手元から離すことができずにいました。

ところが、その何年か後、鈴木という代議士が大野氏のところに電話をしてきます。信州戸隠の行者が言うには、

「大野さんの家の中には仏像がある。その仏像をお寺に納めない限り、大野先生の不幸は絶えない、至急、このことを大野先生に教えてあげてください」

とのこと。この愛染明王像のことは、家族以外は誰も知らないはずなので、大野はこの話を聞いて、「いささか薄気味悪くなった」と言っていますが、しかたなく、この愛染明王像も寺に預けることにしました。すると、「自分の健康も次第に回復してきているようだ」というようになりました。

ところがまた、若い鈴木代議士が〝戸隠の行者のお告げ〟とやらを持ってきます。

「大野先生のお宅のどこかに石像がまだあるはず……」

〝そんなはずはない〟と大野の奥さんに聞いてみると

「先日分かったのですが、地下室の倉庫にあるウイスキーを書生が出そうとしたときです。埃を被った石像がありました」

とのこと。一度ならず二度までも、家主が知らぬことを言い当てられたことで、初めは迷信だと思っていた大野も、次第に神妙な気持ちになっていきました。

このことがあってから、大野伴睦と姫野公明師とは親しくなったのです。『大野伴睦回想録』ではこの透視話について、師は二度とも〝夢で〟大野家の中が分かったと著されています。読者の皆さんは、そんなことありえないと思われるかもしれません。たしかに筆者も、続きの夢を日をまたいで見ることにより、人の家の中を〝これこれ、こうだ〟と見ることなどはできないと思いますので、戸隠にいながら東京の大野宅の中を二度までも分かったということは、姫野公明師の〝体外離脱〟によるものだと考えたいのです。

師は、遠方の状況を見ることができる霊視力を持っていたのです。この体外離脱に対しては、〝知の巨人〟といわれた立花隆氏も「お手上げだ」と言っています。それは、論証できないからです。しかし、何も論証できなくても、実証的に証明しているのではないでしょうか。このことができるのは、姫野師のような特別な人しかいないのでしょう。体外離脱については後記（第十二章）します。

違う例を記しましょう。筆者は子供の頃、信州戸隠から直線距離にして六〇㎞ぐらいのところに住んでいましたが、〝家が古くなったので改築したい〟という親戚がおりました。そして業者が書いた図面を持って、公明院に伺い、方位などを師に相談しました。師は目を閉じて（精神統一したのでしょう）、そして言ったのです。

「貴方の奥さんがいま、トイレのところで転んで、膝の当たりを傷めています」

ご主人が帰ってから奥さんに尋ねると、奥さんの膝には痣(あざ)があったというのです。

おそらく公明師は、大野伴睦の仏像の話は、〝見た〟とは言えないから、夢の話にして鈴木代議士を通して氏に伝えたのです。説明したところで理解不能であり、話が複雑になることを避けるための〝夢〟だったのです。一般の人間には、到底考えられない不思議なことですから。

二　師の神秘的霊感に感嘆

劇作家　田中　澄江

田中澄江氏は、「花の百名山」を選んだ人で、名誉都民です。小学校の同級生には川島芳子がいます。日本ペンクラブ会員、日本演劇協会会員、日本放送作家協会会員、〈ＮＨＫ朝の連続テレビ小説〉「うず潮」「虹」や映画の脚本を手がけ、晩年は随筆『老いは迎え討て』を著し、老年哲学を説きました。

姫野公明師が入寂して十周年の記念誌に、田中澄江氏の寄稿がありますので、その中から師の霊感の驚きについて記された部分を一部抜粋して紹介しておきます。

姫野さん。今どこにおられますか。時々、そのような心のつぶやきを繰り返す私である。お懐かしい眼差しが彷彿として浮かび、耳に聞こえるような気がする時がある。はじめてお会いしたとき、先ずにこやかな表情、澄んだ瞳、おだやかな物言いに感動した。一つも威圧感というようなものがない。俗臭くもない。しかし、優しさ、穏やかさの中に、自分の信じるところを貫いて、一歩もあとに引かぬ力強さがある。信念の人である。慈愛の人である。何よりも自分に厳しい人である。そして、不遇不幸に死んだ人々の霊魂の鎮めの為に、火と燃える情熱を胸に絶やさぬ人である。霊魂の叫びを、声を聞くことの出来る人である。

戸隠の山中をくまなく歩いて、うち捨てられたような墓を見出し、奥社に近い藪の中に移されたという。また、厳寒、深雪の行場に籠もって、奥社への参拝を繰り返されたという。さらに、戸隠表山にある三十三窟や百間長屋でも修行されたという。

私はこの小柄の、見るからに優雅な方の体内に、激しく流れる気魄に圧倒されたのです。その後、目黒の公明院にも何度か伺い、小金井の分院が立派に出来上がった時もお招き頂いて上がった。姫野さんの白衣に紫の被布のお姿が美しかった。

小金井は鎌倉時代の末に、新田氏と足利氏が戦ったところで戦国時代の川中島と同じように、多くの死者の霊の悲しみさまよう所であるという。

川中島の上杉・武田の戦いの場でも、厚く不幸な霊たちに供養を捧げられた姫野さんは、小金井に戦死者の首塚、胴塚のあるのを哀れみ、毛利竜三氏によって献納された敷地、本殿、内殿をもとに霊魂の鎮護を果たされたのであった。

姫野さんは私の家にも見えられ、「このあたりは戦場の跡ですね」と言われたが、桓武平氏の子孫の豊島氏と太田道灌とが戦った沼袋（注参照）からは一キロと離れていない。家の前の空き地からは、水道工事に際し古い人骨が出たことがある。

私は現在地に越して来た時から、歴史の上での古戦場であることを知っていたが、訪問されて直ぐそのことをずばりと言われた明察に驚いた。また応接間にあらわれてご挨拶した時に「四代前は、別の家であったでしょう」と言われ、まさにその通り、田中家は四代前に平田家の次男が田中家の養子となったものだから、私は姫野さんの神秘的な霊感の鋭さに感嘆した。

（注）江古田原・沼袋の戦い
中世日本で起こった合戦の一つ。戦国時代の初期の文明九年（一四七七）四月十四日、武蔵国多摩郡の江古田原および沼袋（現在の東京都中野区の江古田付近）にて太田道灌と豊島泰経との間で行われた。長尾景春の乱における局地戦の一つ。

三　特許妨害を除き会社を救う

イマンテ（株）社長　田中　奨一

この話は、田中さんが会社の存続に関し、日夜悩んでいるときの話、ご自分の会社が申請した特許取得についての相談でした。会社存続の必須事項であったその特許取得に対して妨害を受け、まさに瀬戸際を迎えていたときに、姫野先生に相談に上がったときの話です。

田中さんによりますと、姫野先生はその妨害を取り除いてくださったという凄い話です。田中さんは次のように記しています。

いきなり、私は先生に向かって「私は再起出来るでしょうか」とお尋ねしました。その時、先生は「私は大変忙しいから助けられる見込みの無い人に対しては、私の処に参ることをお断りしている。私が参れと云う以上必ず助けられる」とおっしゃって私を励ましてくださった。私はそれ以来、公明院に通い続けた。その間、先生は私の特許成立を妨害している者を、何度も防圧してくださったのである。だから、あの時先生にお目にかかることが出来なかったら、私という人間がどうなっていたか、わからなかったと今でも思っている。

その後、私は公明院の正面に石の鳥居を奉納することを許された。私にとって身に余る光栄であった。その後しばらく東京へお戻りにならなかった時期があり後で伺ったところ、戸隠の深い森の中に、神のお導きで天命稲荷大明神の祠を探し当てられたということを教えられた。私はこの話を聞いて若穂と云うところに小さいながら神殿を奉納させていただいた。

不思議なことを述べておきます。私の友人から少々お金の融資の依頼があった。私の会社も姫野先生のお力添えで、前途に明るい希望が見えてきた時でもあり、私も友人の事情もわかり融資した。このことを先生に報告したところ、先生は首をちょっとかしげて、
「田中さん、その方の会社は、いまに貴方のものになりますよ」
と言われたのです。おかしなことをおっしゃるな、とその時思ったのです。それから何年経っ

たでしょうか。その友達は急病でたおれ私も彼の葬儀や告別式等で義理を果たしていたのです。

そして友人が亡くなってからある日のこと、ある弁護士から呼び出しがあり
「あなたの友人の会社は、貴方から多額の融資があり、今後はひとつこの会社の面倒を貴方が見てください」

とのことであった。

あの時、姫野先生は「貴方のものになる」と不思議なことを言われたことを思い出したのです。先生の凄い見透しのお力に唯々頭がさがる思いです。

第十二章　姫野公明師の体外離脱——空間を超えた透視

体外離脱に正しい定義があるのかどうか分かりませんが、一九四三年、〝out of body experience〟（略称：ＯＢＥ）という用語で英国の数学者、物理学者、超心理学者であるG・N・H Tyrrell（一八七九～一九五二）という人が著書の中で初めて使用されているそうです。

「自分の肉体から抜け出した世界を体験する」という言い方をしています。この体外離脱現象は、古代エジプトやインディアン、ヘブライ文化、ギリシャ哲学、ヒンズー教、イスラム教などの広い文化において見られるようです。

立花隆氏の話の中で、有名になった話があります。

アメリカにある多国籍企業であるキンバビー・クラークの研究所でのことだそうですが、心臓麻痺により病院の二階に運ばれたマリアは、体外離脱を起こし、病院から抜け出したそうです。そして病院の三階の窓の外にある他人のテニスシューズを確認したので、その内容を意識回復後に医師に報告しました。医師が確認しに三階へ上がったところ、マリアの猫写はシューズの色や形、細かな状態に至るまで正確であることが判明したのです。この話が事実かどうかを確かめるため、立花氏はアメリカまで行って現地取材しています。テニスシューズは、マリアの病室からはまったく見えないことを確認しています。

さて、姫野公明師に関する体外離脱についてはどうでしょう。

姫野公明師の体外離脱は、病院の二階と三階のような距離ではなく、何十キロも離れたところのものを見ることができたのです。しかも、現地でさえも確認できないものまで正確に言い当てることができるのですから。一般人には想像さえできない不思議なことであり、驚きです。普通では考えられないことです。読者の皆さんはおそらく〝うっそー？〟と思われるかもしれません。しかし、事実です。その例を記しておきます。

一　「先祖を疎（おろそ）かにしていますね」

筆者の伯父、清水謙一郎が初めて師にあった時の話です。
謙一郎が
「私は戦時中、〝松本中学校校舎を医学専門学校にせよ〟という無謀な軍部官僚に対し、校長として教育の信念に立って命がけで反対したものです。しかし今、私一人のみ（県で一人）、軍に協力した校長として教職を追放された者です」
と自己紹介したとき、姫野公明師は初対面の謙一郎に火鉢の灰をかき混ぜながら
「貴方は先祖の供養を怠っているようですね」
と言います。謙一郎は

「ほかのことなら別ですが、とにかく先祖の供養については人一倍怠らぬよう努めておるつもりです」

と答えますが、師からは

「貴方の家の北西の方角に当たるところに先祖の墓があります。そのお墓をぜひ供養してあげてください」

と言われました。謙一郎は帰りのバスに揺られながら、どう考えても腑に落ちず、内心〝とんでもない〟と思っていました。

しばらくして、近所の同志の講がありました。一杯やりながら

「戸隠に姫野という凄い行者がいると聞いて行ってみたが、たいしたことはない……」

と例の先祖の話をしたところ、講の中の一人の老人が

「いや、お宅の先代か先々代が、柿の木があるあの土地をよそに売ったことがある。その柿の木の下に何かお墓のようなものが……？」

と教えてくれたのです。翌朝早く、謙一郎はその場所へ行って驚いた。墓が一つあったのです。

どうしてこのようなことが分かるのでしょうか。

話は筆者の家のことになりますが、山の中腹に二面の畑がありました。その畑の境に墓石が三個、もう彫られた文字も分からなくなっているお墓です。子供の頃、よく母とお団子を持ってお供えに行った記憶があります。父は兄・謙一郎のこの話を聞いて、このお墓はいったいどういうお墓

なのか、そしてどうすればいいのか、姫野師に聞いたのです。

「そこには江戸時代の初め頃、お寺があり、その寺の住職のお墓ですよ。よく供養しているようですが、貴方の家はこの方に守られていますよ」

姫野師に言われたとおり父は、生前自分で作った墓地に五輪の塔を作り、このお墓を無縁仏としてお祀りしてあります。

二　「貴方の家の下に墓石がたくさん」

これは、筆者が子供の頃、私の故郷の小さな町にあった話です。〝姫野師という方は凄い方だ〟と街中の評判になった話で、「姫野講」が一段と大きくなったきっかけになったようです。

建設会社を経営している牛沢さんという方が、自宅の建て替えを計画していたときのこと。筆者の田舎では多くの方が姫野講に入っておりましたので、おそらく牛沢さんもその一人だったと思うのです。家の新築のとき、部屋の方角を気になる方もいると思うのですが、牛沢さんも新築する設計図を持参して、おそらく家相、地相、方位等を相談に行かれたと思うのです。

その時、姫野師が牛沢さんにこう言いました。

「貴方の今の家の下には墓石が埋もれています。しっかり供養してあげてください。そうすれば商売は繁盛し、さらに家族も幸せになるでしょう」

牛沢さんは、そんなことはありえない話だと思っていたことでしょうが、普段から姫野公明師という人を尊敬し、ご指導いただいていることから、念のため確認してから新築しようと思い、会社で使っている重機を使って掘り起こしたのです。しかし「墓石などはありません」という作業員からの報告、牛沢さんの気持ちは、やはりいくら姫野先生でも戸隠からここは距離にして六〇㎞は離れているところですので、そんなことが分かるはずがないと思っていたそうです。しかし、姫野先生のおっしゃっていることだから「もう少し深く掘ってみてくれ」と指示したのです。そうしたらなんと、墓石がたくさん出てきたのです。筆者の親は「ガラガラ出てきたそうだよ」と言っていました。お宅の上のほうに墓地のあるお寺があるのだそうですが「長い間に地形が変わり、墓が崩れてきたのではないかな」と親が言っていたのを覚えています。

前項、本項の話とも、姫野公明師がそこに行ったわけでもないのに、何故分かるのか、これが立花隆氏が言っている体外離脱なのでしょう。不思議極まりない話です。

三　出てきた石仏

長野県小川村の鎌倉六兵衛さんという地方の旧家の方の話です。

昭和三十五年（一九六〇）頃、半月ほど病気になり、どうしても微熱が続いて思わしくない。信心深い奥さんが戸隠の姫野先生を訪ねたときの様子を記してみます。

黙って話を聞いていた姫野先生は

「あなたが毎日お詣りできるような近いところで、仏の言葉で言えば、〝えのみの木〟という木がある、その木の下に何か石の仏さんが見える。その仏さんは貴方のご先祖さんに縁のある方だから、お出ししてあげなさい。家は幸運になる」

と言われました。奥さんは、〝えのみの木〟とか〝毎日お詣りできるほどの近いところ〟を考えてみましたが、どうしても分からないので電話で聞くと

「なにか、高いところから見ると道の縁（へり）のように見えるところを探してみよ、尺五寸くらいの木の中にある」

とのこと。村の年寄りに聞いて回ってみると、一人が

「言われてみれば、いま県道になっている上の崖っ淵のところに村道があって、そのあたりにお堂があり、木があったような気がする」

と言うので、案内してもらい行ってみると、そこは現在、畑になっていて、その隅は草の捨て場になっていました。その草を取り除き片づけると、まさしく石仏像が出てきたのです。そしてしかも、言われたとおり尺五寸ほどの木の根の間に、その木の根をゆりかごの如くにして、微笑しているような像が出てきたのです。鎌倉さん夫妻は「不思議、不思議」と言ってこの石仏像を手厚く祀り、奥さんは毎日お詣りしているのです。

姫野公明師のこの凄い験力（げんりき）をどう理解したらいいのでしょう。ただただ、不思議です。

四「貴方の山にお堂の跡が見える」

小林鎮雄さんという人は、長野県中野市に従業員二〇〇名ほどのプラスチック工場を経営する社長です。戦中は中隊長をしていた人で、復員後は日々、部下の冥福を祈る生き方をしている人です。初対面のとき、師は小林さんに

「貴方がこの部屋に入ってくるとき、戦地で亡くなった多くの霊が一緒に入ってきましたよ」

といきなり言ったといいます。

「貴方は山を持っているでしょう?」

「はい、持っています」

「その山の中にお堂の跡があって、何か街道のようなものが見えます」

帰宅して郷土史の研究家に聞いてみると、そのとおり、昔の「鎌倉街道」という道があり、お堂があったことが分かりました。

「どうして、そのようなことが分かるのか、不思議なことです」

と小林さんは語っていました。小林さんが、「新設したばかりの工場は活気に溢れています」と師に報告したところ

「霊の助けですよ、霊の助けですよ、良いことです」

と師は喜んでいたというのです。

五　師の体外離脱への筆者の思い……

「貴方の家の下に墓石が埋まっているのですよ」「それを取り除かない限りあなたの家に幸せはきません」、そして家を取り壊して掘削してみたら、墓石がたくさん出てきたという話。そうかと思うと「貴方の知らないどこどこに、あなたの身内のお墓があり、貴方は疎かにしていますね」と言い当てる。これは現代の科学では証明できないことです。

前記した大野伴睦元自民党副総裁の回想録にある仏像の話、さらに大野邸の地下にある石像の話――回想録によると鈴木代議士を通じて姫野公明師が夢に見たことになっていますが――は、前記のとおり、筆者は体外離脱により見ているのが真実だと思うのです。何故なら、初めは仏像の収集に関する指摘、次に石像の話。同じ人の仏像に関し、二度も続けて夢で見ることがあるでしょうか。筆者は、これは姫野公明師が体外離脱により見ている可能性が極めて高いと思うのです。

「体外離脱力」と言っていいかどうか分かりませんが、姫野公明師は前記した世界的に有名なスウェーデンボルグと同じ力を持っている人だと思うのです。第六章で記しましたので繰り返しになりますが、スウェーデンボルグは何マイルも離れた街の火事について正確に、集まった人びとに告げています。これも体外離脱なのです。

本書では取り上げないほうが良いと思っていたのですが、時どき、姫野公明師が筆者の夢に現れます。ある時、体外離脱について、本書でどう説明したらいいか悩んでいたとき、夢の中で聞きました。

「先生、体外離脱について教えてください」

しかし、返事を頂けないうちに目が覚めたのです（笑い）。

第十三章　姫野公明師、鎮霊社と宝篋印塔を建立

一　姫野公明師の画く世界

姫野公明師が修験道という道に身をおき、厳しい修行をしてきたのは、子供の頃から自分が〝神慮に叶う人間かもしれない〟と、心奥深く認識していたからかもしれないのです。それは、師ご自身が記している次のようなエピソードからも容易に想像がつきます。

・「貴方は甲がいくつ、乙がいくつ」などと友達の通信簿の内容を正確に当てたびっくりしていること

・近くの熊野権現神社に言ったときにトン、トンと足がひとりでに出て登ることができたことに

・さらには神社の宮司が姫野嬢の顔をまじまじと見て、「この子は唯の子ではない、自分の命を神や仏に捧げなさい」と言われたこと

物心（ものごころ）がついた頃にはすでに〝いったい自分は、どういう生を受けた人間なのか〟と考えていたのです。そして、〝自分は神に仕える仕事を通して、世のため、人のためになろう〟と決心したのです。それは、普通の人には感じられない、何か見えない世界からの信号を感じ取っていたからだと筆者は思うのです。

既述したことの再掲になりますが、拾い読みされる方のために、改めて著しておきたいと思います。

師は高等女学校時代に、自分を生かす世界、自分の画く世界について熟慮し、自分の進路について考え、その思いを両親に打ち明けています。ところが両親は賛成するどころか大反対し、師を、当時よく見られた座敷牢に入れるまでしています（水と食べものは与えられようですが）。それでも決心は変わらないばかりか、ますますその決心は〝堅固なものになった〟と師は語っています。

結局、根負けした両親は伝手を頼って、京都市東山区にある無宗派の単位寺院（現在は浄土宗鎮西派の特別寺院）で信州善光寺の大本願の京都別院尼寺でもある京都得浄明院に入門させています。

その後、姫野嬢は厳しい修行の道に進み、人を導き尊崇されていくのです。明治、大正、昭和の激動の時代に、自分の命を民衆のためにどう使い、捧げることができるのかと常に考え、特に第二次世界大戦において失われた三〇〇万を超える尊い命の慰霊を実現しているのです。

子供の頃から、自分の生まれもっている性（さが）を最大限生かし、世の中の人びとの役に立ちたいと考えていたに違いないと、筆者は思います。

二　万国之英霊宝篋印塔の建立（塔面に英霊現る）

師は、戸隠公明院境内に万国之英霊宝篋印塔を建立しています。この塔は、我が国の英霊のみならず、国を超えて全世界の英霊を慰めるためのものです。終戦後間もない当時、我が国はまだ米国の統治下にあり、建立の許可が下りなかったのですが、公明師は戦没者を想い、不退転の決意により、この万国之英霊宝篋印塔を建立したのです。建立し、開眼することができたのは、講和条約が調印された昭和二十六年（一九五一）九月に先立つ昭和二十五年八月十五日のことです。

そこには相当な苦労があり、師の著書『紫雲の彼方　神々は招く』によりますと、戸隠神社中社あたりから公明院まで約一㎞の細道の拡幅にGHQの許可を得られなかったのです。この道ができないと、塔をつくる資材を運搬することが不可能なのです。したがって、どうしてもこの細道の拡幅が必要でありました。

一方、GHQの許可が下りないため、公明師は自らシャベルや鍬を手にして道路を拡幅したのです。しかも、人目を避けるために夜間に行ったのです。当時、戸隠の人びとの力を借りて行っていたのですが、当局の監視の目が厳しいため、戸隠の人びとは去って行ってしまいました。これでは建立も不可能と考え、隣の柏原村から人足を集め、夜間に作業を進めました。この並々ならぬ遂行により、資材を運ぶこともでき、建立の運びとなったのです。

この塔は、今次の世界大戦の我が国の英霊のみならず全世界の英霊を対象として祀られたのです。戦後、人びとの心がまだ荒廃している中、公明師の思いは全世界に向けられ、人種、宗教の違いによる争いのない世界を目指していたのです。それは、尊い命を捧げた人びとの霊を慰めるとともに、二十一世紀は宗教間の争いのない世紀となるよう標榜していたのです。この思いは、二十一世紀の国際情勢を予測したサミュエル・P・ハンチントンの『文明の衝突』の先を行く予測であったのです。

建立に当たっての師の祭文は、次のとおりです。

今次、世界大戦において多くの若い人たちが祖国の隆昌を祈りつつ非業の最期を遂げたが、その尽忠報国の赤誠は、その身をこう毛の軽きにおいて護国の華と散華し遂に再び帰っては来ないのである。この尊い御霊が永久に鎮まり世界平和のための守護神になるよう国民斉しく国運の隆昌をここ幾霜祈念してきたのであるが、近時、漸く祖国の前途に光明を見ることが出来るようになったのは、ひとえに仏神のご加護、ひいては尊い英霊の導かれたところ、誠に感謝に堪えないところである。

海ゆかば水漬く屍　山行かば草むす屍
大君の辺りにこそ死なめ　かえりみはせじ

姫野公明

師はさらに続けます。

思えば勇士らは今次世界大戦において、断ち難い恩愛の絆を敢えて断って勇躍出陣、あるいは南方の青海原に祖国の隆昌を祈り、或いは北辺の荒野に故国を偲び、夢覚めては想いを父母妻子のもとに馳せるというまことに千万無量（せんまんむりょう）の思いを抱き、祖国の光栄を祈りながら非業の最期を遂げたのである。これら幾百万の霊魂には国境も無ければ人種宗教の差別もないのであって、いわば人類を超越した神仏の姿と言うべきである。

宝筐印塔建立開眼式の姫野公明師

然し凡そこの世に生きとし生けるもの、誰かその生を享受せんとしないものがあろうか。況んや一死おのれを犠牲にして報国の至誠を尽くした幾百万の人柱、その不滅の霊魂の雄叫びが、どうしてこの偉業を不退転のものとし、難局を克服せずにおくであろうか。かくて全世界の英霊を人類護持の主体として供養するところの宝篋印塔をここに建立できた。

「待ちかねて恨みと告げよ世の人に

吾が霊魂はここに鎮まる」

（霊魂の声）

声無き声は、日夜叫びながらもいまはこの霊地において世界の同胞や父母妻子の来るのを待っている。この心情を推察するだけで誠に恐懼措く能わず。涙滂沱として禁ずることが出来ない。

今ここに宝篋印塔建立に当たり、祖国再建の祭文を奏上し万国戦没の英霊に対し、神道、仏教、キリスト教を超越して、それが世界平和の表象たるものとして塔の四面に配刻し、祖国の同胞とともに祈りを捧げるものである。

姫野公明師の心の広さ、慈悲深さが表れた表文であり、師が将来を画いた世界であったのです。近年、イラクやコソボの紛争、そして終わりの見えないウクライナへのロシアの侵攻などにより、多くの民間人、とりわけ子供たちの命が失われていることが報道されています。このことは、歴史に刻まれる悲しい出来事として後世に伝えられるでありましょう。

なお、建立された宝篋印塔に師が経を捧げておられる中、筆者の伯父・清水謙一郎（旧制松本中学校校長）ほか一名が、塔の前に進み出て拝礼したときです。石塔の一面に英霊の面影が現れたのです（『霊は生きている』の著者である師と親交のあった山口富永氏の言）。なんと不思議なことでしょう。

若くしてアララギ同人になっていた謙一郎は、教職追放の憂き目に遭い、二年間、石鹸を背負い行商をしていますが、同時に、出征して戦没した教え子たちの慰霊のための巡礼をしたのです。この間、詠まれた歌は五百首ほどになりますが、その中から、この英霊供養に関する歌を挙げてみます。

・三百万英霊死霊悼みては声あげたまふ姫野老師は
・読経する老師をりをり声を呑む並みたつ人ら眼（まなこ）をぬぐふ
・英霊の鎮まりたまふ供養塔ここは信濃の越水の原
・英霊の妻か老婆か膝折りてしばし動かず塔のみまえに
・大量の飯（いひ）をささげて飢餓のほど労（ねぎ）らひ給ふ涙ながらに
・戸隠の山を高みか一片の浮かべる雲もかなしみたまか
・越水の原に湧き立つ真清水の涸るるなし清き心は
・孫連れて赤き鳥居をくぐるなり公明院の境内（には）のしずけさ

清水謙一郎

三　靖国神社境内に鎮霊社建立とその意味

終戦記念日の八月十五日になると、靖国神社への総理大臣、各閣僚の参拝について周辺国からの批判の報道がなされます。それはご承知のとおり、A級戦犯が合祀されているからです。国民の関心が高いことはもちろん、近隣諸国の厳しい目が向けられているのです。

A級戦犯の問題は、昭和五十四年（一九七九）四月十九日に、極東国際軍事裁判（東京裁判）で絞首刑の判決を受けた東條英樹元首相ら一四人が靖国神社に合祀されていることが明らかになったことに始まるのです。

しかし、昭和五十四年にA級戦犯の合祀が公になってから、昭和六十年七月までの六年四か月間、大平正芳、鈴木善幸、中曽根康弘の各首相は在任中に計二一回参拝していますが、昭和六十年八月に中曽根氏が参拝するまでは、非難されることはなかったのです。

これまで、靖国についてとりわけ知識をもっていたわけではなかった筆者ですが、この合祀の経緯について若干調べたこととあわせて、姫野公明師が靖国神社の境内にある鎮霊社に関わったことについて記してみたいと思います。

このA級戦犯の合祀について、当時の靖国神社宮司・松平永芳氏は、月刊誌でその経緯と私見を語っています〔『「靖国」という悩み』（保阪正康著／毎日新聞社）に記された平成四年（一九九二）の講演パンフレット「誰が御霊を汚したのか――「靖国」奉仕十四年の無念」による〕。

私が就任したのは昭和五十三年七月で、十月には年一度の合祀祭がある。合祀するとき昔は上奏してご裁可を頂いたのですが、今でも慣習によって上奏簿を御所へ持っていく、そういう書類をつくる関係があるので「まだ間にあうか」と係に聞いたところ大丈夫だという、それなら千数百柱をお祀りした中に思いきって十四柱をお入れしたわけです。

またその理由として松平宮司は、さらに次のように語っています。

九月二日にミズリー号での調印があり、占領行政が始まりそして昭和二十六年の九月八日にサンフランシスコ平和条約の調印があった。その発効は翌二十七年四月二十八日だと言っていい。その戦闘状態にあるとき行った東京裁判は軍事裁判であり、そこで処刑された人々は戦闘状態のさ中に殺された。つまり戦場で亡くなった方と処刑された方は同じなんだという考えです。

松平宮司の考えこそ、靖国神社へのA級戦犯合祀の論理の中心の考えだというのです。すなわち、合祀問題の核心はこの点にあると前記した『「靖国」という悩み』の著者・保阪氏は言っております。浅学筆者は、この論理というか理屈があることを知りませんでしたが、一般国民の感情として、はたしてこれを受け入れることができるだろうかと思うのです。こういう論理が通るとなると、戦争によって何百万という尊い犠牲になられた御柱が祭祀されている神社の土台が、曖昧な形で末永く存続することになるのではないでしょうか。

さて、鎮霊社についてですが、本殿の左手の奥にひっそりと建っている、高さ三m／横一・五mぐらいのお社です。

『靖国神社が消える日』の著者であり、靖国神社宮司でもあった宮澤佳廣氏によりますと、この鎮霊社は元宮司筑波藤麿氏（第五代宮司）の強い発意により昭和四十年七月に建立されております。その建立は靖国神社の社報「靖国」には掲載されず、また公にされなかったのです。また同年七月十三日に鎮霊社の鎮座祭が執り行われていますが、参列者として「筑波宮司・筑波貞子（宮司夫人）・姫野公明（修験道尼僧、山岳信仰の行者）・曾根朝起・横浜市西櫻会員二十五名」との記載が「靖国神社・社務日誌」にあります。ここに記載されている曾根氏は長野県出身で靖国神社の神職、氏は目黒公明院の近くにお住まいでもあり、時どき院に

靖国神社

靖国神社境内にある鎮霊社

来られていたようです。したがって筑波氏は、曾根氏を通じ姫野公明師にいろいろ相談されていたようです。

この鎮霊社は、嘉永六年（一八五三）以降に戦争や事故などで亡くなり、本殿に祀られざる日本人の御霊と同じく嘉永六年以降の戦争事変に関係した全世界の戦没者の御霊を祀る施設として建立されたのです。

平成十一年に靖国神社が創立百三十年記念として発行した「やすくにの祈り」には

鎮霊社には慶応四年（一八六八）に始まった戊辰戦争で官軍に敗れ会津若松の飯盛山で自決した会津藩白虎隊の少年隊員や明治十年の西南戦争で自決した明治の元勲西郷隆盛らも含まれる。又諸外国の人々では湾岸戦争や最近のヨーロッパのコソボ自治州での犠牲者など全ての戦没者が含まれる。

と説明されています（『靖国神社が消える日』　宮澤佳廣著）。

鎮霊社の建立については、社報にも記事として掲載されることはなく、筑波宮司が年頭挨拶（社報「靖国」昭和四十一年一月号）で

昨年は境内に鎮霊社を新たに建立し一般の戦争犠牲者と共に万邦の英霊を合祀致しました。

とわずかに触れた程度だったのです。鎮霊社は、筑波家からの奉納金を原資とし建立されたそうですが、この建立に関わった姫野公明師も相当額を寄進されたのです。

筑波氏は昭和三十八年秋に欧米の無名戦士の墓などを視察し、その折に各国の宗教関係者と会見するとともに、アメリカでは無名戦士のアーリントン墓地を訪れています。そして、帰国直後に鎮霊社の建立を提案されたそうです。不特定多数の祭神を祀る慣例は神道にはないので異議も出たそうですが、宮司の強い意向で実現したというのです。

想像するに、筑波氏はこのことを姫野公明師に相談し新たな決意のもと、特別な思いがあったのだと思うのです。すなわち筑波宮司がアーリントンで無名戦士の墓を見た時の心情と、姫野公明師の万国宝篋印塔建立にみる戦没英霊に対する切々たる至情が融合し、そのお二人の魂が触れ合い、鎮霊社建立の運びになったのです。万国宝篋印塔も前記の考えと同様、全世界の戦没者の御霊を祀る慰霊塔で戸隠公明院境内に建立されています。

当時はまだ、靖国神社にはA級戦犯は合祀されておりませんでしたが、ただ筑波藤麿宮司は、靖国神社への合祀は意識的に避けていた方だったことが、神社広報課長、馬場久夫氏の証言から明らかです(「毎日新聞」(二〇〇六年四月二十九日付))。また二〇〇六年八月二十九日の「東京新聞」が、同神社に送った「鎮霊社について」の質問状に対する同神社広報課からの回答が掲載されています。その要旨は以下のとおりです。

①鎮霊社は、時の筑波宮司の発案で建立され、「戦いなき平和を願い創建された」嘉永六年（一八五三）以降の戦争・事変にて斃（たお）れ、職域に殉じ、病に斃れ、自ら生命を断つなどして靖国に祀られない御霊と、同年以降の戦争・事変に関係して死没した諸外国の御霊、二座を鎮祭している

②御本殿の御祭神と鎮霊社御祭神では、全く性格を異にしている。鎮霊社の御祭神は奉慰の対象だが、御本殿の御祭神は奉慰顕彰の対象と認識している

③鎮霊社で祀られている者は、御本殿に祀られていない全世界の戦争犠牲者であり、具体的な名前を挙げての鎮祭ではない

一方、靖国神社はA級戦犯の方がたを分祀すればいいではないかという意見もあります。しかし神社神道では、一度合体として合祀された神霊から何体かを再度分ける、という物理的な変更を加えることはできないと考えられています。合祀祭を経て、靖国神社の御神体である御鏡に神霊が遷（うつ）ると、すべて御神体と一体となると考えられているからです。

また平成二十五年（二〇一三）十二月二十六日、当時の安倍首相が靖国神社参拝の後、鎮霊社にも参拝しています。その時の談話があります。

本日、靖国神社に参拝しました。……（中略）……そして同時に、靖国神社の境内にありま

す鎮霊社にもお参りしました。鎮霊社は、靖国神社に祀られていないすべての戦場で倒れた人々と、日本人だけでなく諸外国の人々も含めて、すべての戦場で倒れた人々の慰霊のためのお社です。その鎮霊社をお参りし、ご冥福をお祈りしました。そして再び戦争の惨禍によって人々の苦しむことのない時代を作る決意を込めて、不戦の誓いを致しました。

二十一世紀においても、一神教の教義に基づく争いにより多くの尊い命が失われ続けることを考えて、姫野公明師はすべての宗教は争ってはならないと、公明院境内に宝篋印塔を建立して忠告しているのです。同時にまたこの塔には、繰り返し記しますが、すべての国の戦没者の英霊に対し慰霊の誠を捧げているのです。

時系列的には宝篋印塔の建立の二年後、同様の思いのもと筑波宮司にアドバイスして鎮霊社が建立されています。さらに、鎮霊社建立の五年後（一九七〇）、京都において第一回世界宗教者平和会議(ＷＣＲＰ)が開催されています。三〇〇名を超える全世界の宗教者が一堂に会したこの場で、宗教者の出会いと対話を促進し、平和のための宗教協力の原点を確立すること、そしてこの会議の結実である「京都宣言」を具体化し継続させていくための国際組織として、ＷＣＲＰが設立されたのです。

二十一世紀の世界の現状においても、様々な形態の暴力が支配し、国民を苦しめ脅かしています。それは国家主体、非国家主体を問わずです。ロシアによるウクライナ侵攻のように、国境を越えて引き起こされる武力紛争は、多くの人びとを巻き込み、人命を奪い去り、共同体を破壊しています。そして民間人の犠牲があまりにも大きく、かつまた被害が食糧問題として世界の弱小国にのしかかってきています。

一方、人間は自己そして自国の利益を追求し続けるあまり環境破壊、資源の枯渇を招き、地球が本来持っている能力を脅かしています。人類は一つの家族です。その貧しい家族、無力で最も弱い立場の人びとが武力紛争、極度の貧困、環境破壊を含むあらゆる暴力の犠牲になっているのです。

その後、第八回（二〇〇六年）のＷＣＲＰにおいても、やはりすべての宗教を受け入れることのできる日本の宗教人が主導し、京都で「あらゆる暴力を乗り越え、共にすべての命を守るために」を主題に、全世界の主要な宗教、伝統と諸宗教を代表し一〇〇か国以上、八〇〇名の宗教指導者が参集しています。

二十一世紀は、宗教間の争いがない世界の構築のために、多神教の日本の宗教者指導者が世界の宗教指導者に働きかけ、世界平和への新しい道筋をつけることを、筆者は期待し祈るものです。日本の宗教指導者には、それを実現できる立場にあることを世界の指導者は認めていますから。

第十四章　師の思い出（『入定一〇年記念誌』から）

一　師の熱意と実践の思い出

元衆議院議員／元第一法規（株）社長　田中　重彌

私が姫野公明師に初めてお逢いしたのは、戦前、昭和何年だったか、亡父弥助と一緒に戸隠奥社に参拝のもどりみち、越水ヶ原の法堂をお訪ねしたときで、こんな僻遠の地に男まさりの尼法師がいらっしゃるとのみの印象をうけたが、師の真実の姿は理解するよしもなかった。師の真実を理解でき得たのは、それから継続的なご指導やご交誼を頂いてからのことで、その間なお歳月をかけねばならなかった。

戦後、亡父の意志を継いで衆議院の議員生活をしていたとき、親代わりの如く私の面倒を見てくださった植原悦二郎先生が、秘書の倉岡万里子氏と共に公明師をお訪ねした事があった。私も同行し三人で越水ヶ原に一泊した。

我ら三人は師と談笑し食事を頂いた。其の談笑も別にどうということもなかったが、一つの信念を抱いて生きておられる師の挙借(きょそ)(たちふるまい)は何か人を魅つけて離さないものを持っていた。後で聞くと植原先生もいろいろな意味で、かなり強烈な印象を持たれたようだった。

私は、仕事の都合で長野と東京と半々の生活を続けて来ていた。従って東京に居れば目黒の公明院から、長野に帰ったときには戸隠の公明院から電話がかかってきた。その用向きの多くは、政界の先輩、知人、植原悦二郎、大野伴睦、綾野健太郎、益谷秀治、石坂豊一、広川弘禅、佐藤栄作の諸先生、地元では、木内、倉石、小坂先生など、政界人とか著名な実業界の方々への公明師からの連絡を主としたものであった。いったい公明師は卓越した予言者ではなかったろうか。己の信念から発するものの先に定かに見得るものが現れたようである。

（注：筆者は田中氏のこの思い出は、師が沖縄の施政権返還実行に伴う行動の時のものだと想像します。）

師のご交誼は広汎にわたり、前記に述べた政界人、実業家は言うに及ばず皇室方にも及んでいた。梨本宮殿下とのご交誼など誰も知るところだが、その他、人間国宝で箏曲の米川文子先生などは今も往時の師のご交誼を偲んでよく越水の別邸に来られている。（一部略）

二　二人の微笑

元京都府知事　安藤　狂四郎

私が姫野公明さんと親しくして頂いたのは、先生の晩年六、七年の間でございました。

初めは私の亡妻桜子が公明さんにお目にかかり、故梨本様などとご一緒に公明さんのお話を承り、なにかと教えを受けていたようでございます。それが機縁で、私も公明さんにお目にかかることとなり、その後は公明さんが亡くなられるまで、親身も及ばぬ親しい交わりを続けて頂きました。

修験道における公明さんの修行は、実に峻烈を極めたものであったようです。殊に戸隠山中における修行は、言語に絶するものであったと思います。それで遂に修験道の奥儀を極め、第一人者とも言うべき境涯に達したのだと思います。

私は、公明さんと話し合っている時ほど快い気分になることはありませんでした。公明さんの身辺から清風が湧いて来て、何とも言えぬ爽やかな気分になるのです。殊にその笑顔に接するとき、これは菩薩だなと思います。いわゆる仏顔というものでございましょう。

二人で話し合ってみると、私は公明さんと郷里が同じだと分かりまして、以来、二人は親戚さながらの気持ちで交わることになりました。

公明さんの在世中、私は度々戸隠の公明院にお参りして山中の霊気に触れ、清々した気分に浸りました。

笑い話があります。目黒の公明院のお座敷で公明さんと私と私の亡妻桜子と三人でお話しておりますと、公明さんが「安藤さん、貴方の背に女の人の顔が浮かんでいますよ。思い当たることはありませんか？」と言うのです。私は家内を顧みて「さて、それはどの口だろうなあ」と言いますと、家内は微笑して「さあ、どの口でございましょうか」と言いました。すると公明さんは「そう幾口もあったのでは仕様がないなあ」と微笑しました。その時の二人の笑顔のなんと美しかったことか、今でも目に浮かんで来ます。私はその時、しみじみ仕合わせ者だと思いました。

公明さんも逝かれて一〇年、私の家内が逝って八年ですが、この二人は今でも私の身辺におります。そしていつでも会えるのです。私も今年八十八歳になりました。いずれ二人して微笑して私を迎えに来てくれるでしょう。（一部略）

三　長野市長選に見た霊力の思い出

旧制松本中学校校長　清水　謙一郎

先生がこの世を去られて、もう九、一〇年にもなろうが、昨日のことの様に思い出されてならない。

山見れば山悲し山悲し
　　我が師はひとり逝きてしまひぬ

当時、寂しさに耐えかねた私の歌作である。

長野市長選における先生の霊覚の思い出について記してみたい。あれは昭和三十七年の社共連合の所謂革新勢力の推す倉島至氏が二選して、三選に挑まんとするのを阻止せんとする保守連合の上に立って、夏目忠雄氏が県会議員から市長選に立ったときのことであった。あのとき、私はこの選挙には興味を持たなかった。高見の見物と決めていた。

ところが、選挙に突入した直後、姫野先生から私に電話があった。先生が出向いても良いという電話だった。私は選挙の事であろうと直感したから、先生に出向かれても面倒と考え、こちらからお訪ねしますと答え、長野に行った。

お会いするや否や、案の定、先生は、単刀直入に「先生、今回は是非とも、夏目さんをやって下さい」という事であった。

即答せぬ私に先生は少し声を強くして

「先生、ここをどことお思いですか、ここは三国一の如来さんのおわします善光寺のお膝元の長野市です。どうしても、今度は保守から立つ夏目さんに勝ってもらわなければならないのです。先生が本気になってやって下さらねば、この選挙は駄目です。やって下されば、一万票は勝てます」と言われるので、私は思わず吹き出しそうになるのを抑えて

「先生、少しこちら（頭）がどうかしたんじゃありませんか。どんなに私が力を入れてみても、精々千か千五百です。どこを押せば一万という票が出てきますか……」と、すると先生は、

「いや、必ず一万票は勝てます。若し、これが外れるようでしたら、私は郷里九州に引き上げて帰ります」と言われた。

私も先生の熱意に負けてお手伝いを本気になってやってみた。結果は先生の言われた通り一万二六二〇票差で夏目候補は勝ったのである。私はどうしてこんなことがわかるのであろうか、と唯々驚くほかなかったのである。（一部略）

四　「霊魂不滅」の額に現れた思い出

元太産企業商事社長　千葉　博

師は、先祖を大切にすることが第一と言うと共に霊魂不滅を力説なさっていた。そして、ご先祖を供養される時はご先祖の帰依された宗旨によってなされることも忘れないようにと申されておられました。さらに、

おのがもの人のものといふものの
　　やがて社会のものとなるもの

事業もある段階に達しますと国家社会の公器となりますので一族で私物化することのないよう、そして広く人材を登用し国家社会に奉仕の誠を尽くすことが肝要と申されて居りました。私は師にお会いする度に、人間の本来のあり方に反省させられ、人としての指針を承り、帰途の安らぎとさわやかな境地を忘れることが出来ません。

霊魂不滅を常々申されていた師は、次の世界に神として生まれることを悲願とされ、必死のご精進により、現在神位に居られる師の神通力を信じ、心から畏敬申し上げて已みません。

今年（昭和五十五年）六月、天命稲荷社に詣でたエマン（株）田中社長が記念に撮られた天命様の写真を、後日公恵先生の所にお持ちになったときです。公恵先生が「アラ……公明先生が写っておられるわ……」と言ったのです。なんと、お堂の門前高く掲げられている霊魂不滅の額の中に、

鉢巻をして白装束の姿が写っているのです。それとは知らず田中社長は、びっくり唖然とされたのです。（一部略）

（注：筆者もこの写真を見ております。どなたかご存じでしたら、ご一報くだされればありがたいです。）

五　公明様の思い出

東京都渋谷区　山本　繁子

公明様のあの素晴らしい笑顔にお目にかかれなくなってから、何年たってしまったのでしょうか。本当に御生前には、何かにつけて一方ならぬお世話になりました。私は些細なことでも直ぐお電話したりお邪魔したりしては、ご指示を仰いだり解明して頂いたり致しました。

先生には面白いお話やためになるお話も数多く聞かせて頂きました。

その中で、浅草のある方の商家で、お仕事もすべて順調にいっているが、その奥様がどこが悪いというのでもなく、病気がちなので一度是非来て欲しいと言うから行ってみると座敷牢が視えて、その奥によれよれの浴衣を着た青い顔をした男の人が座っているのが視えた。奥に通されてから「お宅には座敷牢に入られていた方が居られましたか」と伺うと「実は自分たちは次男夫婦で、兄が精神病で座敷牢に入ったまま亡くなりました」とのこと。其の霊が浮かばれていないのだと分かりご供養をしてあげましたところ、それからはすっかり元気になられたとか。

また、あるお宅へご法要に出かけて拝んでいると、何かがおでこにパタンパタンと当たるので、目を開けてみると上から年取った女の人がぶら下がっていて、この人の足がおでこに当たっていた。つまり、此の人もご供養して欲しくてそれを知らせていたのだそうです。後でお宅の方に聞いたら、ここのお婆さんがこの上のはりに首をくくって死んだのだそうでした。

それから、深川の方に大震災のときのご供養に出かけられたとき、そのご供養は戸外でしなければならない所で、その日は大変に風がひどい日で、皆さんはローソクの火が消えてしまうと、心配されていたが火が全然消えない。先生が瞳を凝らしてよく視ると亡くなった方達が大勢集まって、ご供養して頂きたいために一生懸命ローソクの火を消さないように、その火を囲んでいるのが見えた、とおっしゃっていました。

私の名前はもともと「喜美子」が本名ですが、もう二〇年も前、山田耕作先生のところへお手伝いに行っていた時、先生が字画に凝っておられ、私の名前を見て「喜美子さん、貴方は字画が悪いから変えた方がいい、〝規美子〟にしなさい」とおっしゃって、それを使っていましたが、何か自分の名前らしくないし、途中で運命も変わるものでもないだろうと、うやむやの内にもとの喜美子に戻していました。そして公明様の所に伺うようになってからある日、私の名前をみて先生は「あんたは、この名前は良すぎてダメです。この名前でいると、いくらあんたが努力しても尽くしても報われない。私が良い名前を考えて上げるから変えなさい」と申されました。

そして、「茂と繁のどちらがよいか」とおっしゃり、繁を取って「繁子」にしました。戸籍は変えなくてよいから、この字を使い込むようにおっしゃられました。以来、ずっと使っております。

目黒の古い家から今の千駄ヶ谷のマンションに移るときもお世話頂き、手続きなど全部私一人でやりましたが、その時必要な書類の原本が見つからず泣きそうになって公明様にお電話したら「必ず荷物の中にあるから、焦らず落ち着いて探しなさい。きっとあるから」と言われ、まだ開けてみなかったこうりの中にこの書類を見出したときは、本当に泣けるほど嬉しく有り難く感謝いたしました。想い出せばいくらでも尽きませんが、「からだ」のことを、「かだら、かだら」と言っておられた公明様の明るい笑顔が今も私の心から離れません。

在りし日の姫野公明師

第十五章　戸隠公明院について

ここまでお読みいただき、ありがとうございました。
ここで、あらためて公明院をご案内させていただきたいと思います。

〈所在地〉
〒三八一―四一〇一　長野県長野市戸隠三六一四―一　公明院
〈電話〉
〇二六（二五四）二〇三六
〈アクセス〉
・公共交通　長野駅前から路線バス70系統「戸隠高原行」乗車、「森林公園入り口」下車、徒歩三分
・車　上信越自動車道「長野ＩＣ」から約一時間
　上信越自動車道「信濃町ＩＣ」から約二〇分

一　姫野公明師入定の墓地

本書の中で紹介しておりますが、要点を再掲致します。

師は信州戸隠に入峯し、厳しい陀羅尼（だらに）という修行により、驚きの霊験力を感得された人です。多くの人びとの悩み、苦しみなどの相談に応じ、また亡くなった方がたの鎮魂に尽くしてきた人です。特に第二次大戦で亡くなった多くの人の鎮魂のため、公明院境内に宝篋印塔、靖国神社境内に鎮霊社を建立しています。

さらに沖縄戦で亡くなった二〇万柱のため燃えるような情熱を燃やし、当時の佐藤栄作総理大臣を導き、沖縄を返還させた凄い人です（拙著『姫野公明の奇蹟』ほおずき書籍）。この方は昭和四十五年に入定しており、公明院境内に墓地がありますが、この墓地にお参りする方が多くおられます。悩みごと、心配ごとなどがおありなのでしょうか、長いお祈りをされている方をお見受けします。

二　万国之英霊宝篋印塔

これも本書内でご案内しておりますが、拾い読みされる方のため概略を再掲します。

この宝篋印塔は、今次の世界大戦で命を落とされた、わが国のみならず全世界の英霊の御霊を祀られている塔です。したがって全世界の国々、人種、宗教を超えて祀られています。

戦後の人びとの心がまだ荒廃している中で姫野公明師の思いは、すでに全世界に向けられていたのです。国・人種・宗教の違いによる争いのない世界平和を目指すことを願っての建立だったのです。二十一世紀の初頭にあたる現在、世界は絶え間なく宗教間の争いが、あちこちで起こっております。悲しいことです。

この塔は、講和条約の調印が行われた昭和二十六年九月に先立つ昭和二十五年八月十五日に建立開眼することができたのです。建立に当たっては、ＧＨＱの許可が下りないために姫野公明師自らシャベルや鍬を持って、かつ人目を避けて、夜間、資材運搬のための道路拡幅に当たっているのです。一女性によるこのような涙ぐましい努力により建立された塔です。そしてこの塔の開眼式のとき、塔の上に軍服姿の英霊が現れたのです。不思議なことが、ここでも起こっています。

沖縄の施政権返還の見通しが立った頃、当時現役の佐藤栄作総理大臣も姫野公明師のご案内で参拝されております。

三　天命稲荷大明神祈願

本書内でご案内しておりますが、姫野公明師という人に、千二百年という気の遠くなるほどの過去の天命稲荷大明神が現れているのです。筆者は、「(この方は) 心から祈れば、どんなことでも聞いてくださる方よ」と姫野公明師から直接、聞いております。

現在でも毎月、公明院境内の三尊堂または天命稲荷大明神が現れた現地のお堂にて護摩焚きが執り行われ、多くの方が参加されています。

参加ご希望の方は、直接公明院へお問い合わせくださるようお願いいたします。

四　五角堂の延命地蔵大菩薩

境内に五角堂がありますが、ここに延命地蔵大菩薩が安置されており、参拝者が訪れています。この延命地蔵大菩薩について記しておきます。

この菩薩についても姫野公明師の周りには不思議なことが起こっております。

霊峰戸隠の奥深く、しかも雪深く零下二〇℃になるところでの修行連行中、師は両足に凍傷を負ったのです。このため一時、飯綱の山麓にある鉄鉱泉に治療のため一夜を取りました。その夜半、突如霊告により、霊峰飯縄の巌上に延命地蔵菩薩が現れた――その菩薩の持っている錫杖が、公明師のほうへ飛んでくるのを感得された――のです。

公明師は不思議に思って、その宿の主人にこのことを聞くと、主人は驚き、「実は三年前、飯縄山より下山した人が置いていった錫杖が当宿に保管してあり〝行者が来たら渡されよ〟と言って立ち去って行った」と言うのです。そして「今、物置の天井に吊るしてあります」と言って持ってきたのです。

姫野公明師はこの錫杖を見て、これこそ地蔵菩薩の法灯（仏法がこの世の闇を照らすことを灯火に例えていう語）ではないかと見抜き、記しています。

そして、その後一八年も経た昭和三十四年十月二十四日、たまたま飯縄の山麓にある伝田家宅に招かれたとき。不思議にも霊峰飯縄の本地仏・延命地蔵大菩薩像が伝田家にあり、その像をよく見ると錫杖がないことに、公明師は気がついたのです。その時またも「汝を待つこと久し、先年、汝に錫杖を預けたり」との霊告があったのです。公明師はご尊顔を目前に拝し、

「恐懼措く能わず涙滂沱として禁じ得ない」

そして、さらに

「思えば往昔より幾千万の人々の心の糧として慕い奉ったご尊容ではないか」と記されています。

伝田氏曰く

この地蔵菩薩は、足利二代将軍（足利義詮）の献納した霊峰飯縄の本地仏なのです。明治五年、神仏分離の際、飯縄より下山して長野市の荒安に前宮を建立の時、この尊像を多額にて入手しました。ところがそれ以来、不幸が続き、また不思議なことが多くあるため、希望するものがある度に幾度も売却しましたが、しかし、必ず帰ってくるので驚いています。今度の戦争で鉄として供出したのですが、不思議に返還されてきたのです。

伝田氏が「このような尊像を家に安置して拝むのさえ空恐ろしい思いがするので、ぜひ飯綱権現を奉斎する公明院に納めたい」と申し出たことから、姫野公明師は公明院境内に五角堂を建立し、安置したのです。これが尊像に関わる不思議な話で、しかも事実です。

筆者はこの五角堂建設時のエピソードとして、請け負った棟梁の方が五角の塔は造った経験などなく、苦労したという話を親から聞いております。親の話ですと、木の組み方に困っている時、師が夢の中でヒントを得た方法で造ったと言っていました。現代に生きる私どもは、いくつかの過去に起こった話を、創作の入った一つの「縁起」としてとらえがちですが、やはり何か見えないものの作用があることを信じないわけにはいかないような気します。

五　釈長明火定跡と六十六社一宮祭神

第六十二代・村上天皇（九二六〜九六七）の頃、霊峰戸隠山に釈長明という修験者がいました。この人は二十五歳で無言の行――法華経を唱えて三年間、横になって寝ることをしない――という荒行を積んだ、傑出した修行者です。

「我ら一切喜見険菩薩（仏の弟子）なり、身を焚き兜卒天（とそってん）（菩提の住む世界）に上がらんとす」

と薪の上にて坐し、一山の復興を祈りつつ、火中で大往生を遂げた人です。この尊い捨て身の供養の跡が公明院境内の塔を囲むようにあり、日本六十六社一の宮の遺跡です。これは文化年中（一八〇四〜一八）に大昌寺（戸隠栃原／鬼女紅葉と平維茂の位牌が収められている）の九世瑞応（ずいおう）住職が「天下泰平」「国家安穏」「一切衆生」「平等利益」、そして自分の師匠、両親の菩提を弔うため法華経六十六部を書写し、これを一つ一つ小箱に納めて土深く埋め、その上に六十六国の一の宮の神を小さな石祠に祀り、二段の台石を据えて公明院境内の釈長明火定遺跡の周りに安置したものです。昭和三年、県の遺跡保存の指定を受けています。これらの宮をお参りするということは、全国の一の宮祭神をお参りすることになります。

一の宮祭神

六　境内に白いカタクリの花咲く

カタクリは、ユリ科に属する多年草で公明院の境内に群生しております。年々、見に来られる方が多くなり、今は観光バスで訪れるほどになっています。機会がございましたら、ぜひ公明院に詣でた折にご覧ください。

カタクリの花は「春の妖精」と言われるくらい可愛い花です。花言葉は「初恋」です。花はピンク色をして群生しており見事です。令和元年に咲いたカタクリの花の中に白い花が一輪咲いたのです。これは珍しく、図鑑では「一万本に一本の確率で咲く」とあり、そして「花は翌年からも同じ所に咲く確率は高い」とありました。

住職の奥さんの話ですと、やはり咲いたとのことでした。ちょうど新しい元号になる時で、また翌年は姫野公明師の入定五〇年になる年にあたり、筆者は自然もお祝いしてくれているような気持ちになったのです。

おわりに

「アニミズム」という言葉を時どき聞くことがあると思いますが、その語源は、古代ローマ帝国の公用語であったラテン語にあります。「アニマ：anima」は「霊魂」「息」を意味しているようです。「アニメ」も〝anima〟が語源で、英語の〝animation〟からの言葉です。〝animate〟は動詞で、「生命を与える」「活かす」、形容詞としては「生きる」の意味で、このanimaにismをつけると〝animism〟という言葉になって「万物に霊魂が宿っている」という意味になるのです。

私たち日本人は古くから、〝もの〟にはみな魂があると信じ、木や形の整った大きな岩などにも注連縄(しめなわ)を張ってきました。しかし、キリスト教やイスラム教では、「神に似て作られた人間にしか魂は無い」と決めつけています。

さて「修験道」は、一つの宗派と言ってもいいと思うのですが、筆者が修験道を知ったのは「はじめに」に記したとおり、姫野公明師という人を知って、随分経ってからです。それは、この方が一般の人びと、政財界の人から尊敬され、様々な見透し、助言により多くの皆さんを助け導いてきたということを知り、修験道というものをより知りたいと思ったからです。

修験道というと〝山伏〟の出で立ちがつきもののため、日本人の多くは何か違和感さえ覚えるのではないでしょうか。しかし、筆者は本書を著すに当たって修験道の歴史や本質を知り、この修験道宗は〝すべての宗教の礎〟となっていることを理解した次第です。

本書の中でも紹介しておりますように、姫野公明師は常に「霊魂不滅ですよ」と言っておられました。しかし聞いたの多く人は、「霊魂不滅とは何か」「魂とは何か」さらには「どうして人間の魂が、死んでから霊として生き続けるというのか」という疑問を持ち、心から納得できる人はどれくらいいるでしょうか。おそらく一人もいないだろうと思うのです。筆者もそうでした。

本書を著すに際して、いろいろな文献を調べてみましたが、〝理論的に〟といいますか〝論証らしきもの〟には出会えませんでした。特殊な宗教的な本にはありますが、納得できるものではありませんでした。

「修験道宗」というものは、本書内で記しましたとおり、実践により感得するもので、いわゆる、不可知論の範疇のものから成り立っているのです。すなわち経験的事実で認識できるもので、ものの本質や実在の究極的の根拠は論証的には認識できないものだと思うのです。

例えば人間が、〝神〟というものを〝実体として存在する〟認識ができないことと同様に考えていいと思うのです。「霊」「魂」「体外離脱」「霊魂不滅」などもこれに当たるでしょう。ですから、少し言い過ぎかもしれませんが、修験道宗の根本のところは、不可知論の範疇で成り立っているということになります。

修験道の開祖である役小角（えんのおづぬ）は、教義などはもちろん〝修験道のなんたるか〟について、言葉としては何も残していないのです。このことは、筆者は当然だろうと考えるのです。修験道を研究されている宗教家の皆さんの中には、役小角が何も残していないので「研究するのに困る」とか「閉口している」とか書かれていますが、筆者は違うと思うのです。

ある論文「修験道の近代化の問題点」（某大学の先生）に出合いました。この論文には、結論としてこう記されていました。

> 修験者達は修験という自らの宗教性をどのように存続させようとしたのか、結論として、他の仏教教団と同様な教理や修行体系を持つことであった。修験教団の近代化とはまさにそのことに尽きると思われる。

この論理は、筆者には納得ができないのです。宗教一般についても言えることで、仏教学問のみの追究では片手落ちではないでしょうか。金峯山寺（きんぷせんじ）管領（かんれい）である五條良知師は

「仏のない学問研究」

とおっしゃっていますが、実に的を射た表現だと思うのです。筆者はここで再度、もともと修験道という宗教は〝修行から始まって修行に終わる〟もので教義がなく、論証できないものだらけで成り立っているものだと強調したいのです。

そこのところを理解せずに修験道宗を研究しても、空振りになるのです。ましてや修験道宗は、我が国の宗教のなかでも最古の千三百年の歴史がある伝統のある宗教であり、自然のただ中から感

得される宗教であるので、霊魂の実在を主張できるのです。

姫野公明師も「霊魂不滅」と口癖のように言っていましたが、しかし、それを論証できるものは見当たらなかったのです。もともと修験道というものは、そういう宗教だからなのです。宗教学者の山折哲雄氏の言葉を借りれば、「感ずる宗教、信ずる宗教」なのです。

姫野公明師ご自身もこの「霊魂不滅」について、言葉でどう表現したらいいのか、適切な論理が組み立てられなかったのではないかと思われることがあります。それは本書内でも記しましたが、山口富永氏が霊能力者・姫野公明師についての本『霊は生きている』（栄光出版）を著す際に、師の了解を得るためにお話を伺うと「霊魂不滅について著してください」と言われています。しかし山口さんは「私は自分の思い、考えで書かせていただきます」と言って断っているのです。山口さんから直接伺ったのですが、「私には書けない」ということで、師との間に若干のバトルがあったそうです。もしも姫野公明師が、「霊魂不滅」について著すことを強く望んでいるのなら、少なくとも若干の説明なりアドバイスがあったと思うのです。それがなかったということは、やはり師にも理論的に論理が組み立てられなかったのではないかと、筆者は思うのです。

「霊魂不滅」とは〝理屈で説明する〟といいますか、論証することがいかに困難なものであるかが分かります。完全に亡くなった後に生き返ったという人は、どこにもいないのですから。

この「霊魂不滅」は「体外離脱」とともに、論証するのは〝手に負えない〟と柳田國男や立花隆も言っています。

筆者は、この難しい課題を理解できるよう、どう著したら良いのか悩みました。それを証明するには実践、現象から理解するしかないと思うに至ったのです。したがって本書では、「霊魂不滅」について姫野公明師の実践面からの証として著した次第です。

修験道の道に身を置き、修行している人たちは、この魂とか霊というものを心から信じています。それは厳しい修行により自然から学び取った〝なにか〟を持っているからなのです。しかし、その自然からのアニミズムは、今、危機に瀕しています。それはアニミズムが基盤としている自然が、有史以来、破壊され続けてきているからです。それは人間の爆発的増加と人間の欲望によるものであることは、言うまでもありません。人間の欲望とは〝一度便利な生き方を覚えると、さらに便利な生き方を求めるもの〟であることは、歴史が証明しています。そうした人間の生き方の歴史において、宗教というものを求め信じてきたのも人間ですが、それは人間社会が〝人間中心主義〟を主力に継続し、自然との共生を無視してきた結果なのです。

二十一世紀においては、このアニミズムにおいても普遍的な原点に立ち戻る努力を惜しんではならないのです。そこには、修験道の目指す自然を主体とした崇高な理念が重要な役割をもちます。本書でも著したとおり、明治維新直後、修験道は文明開化の敵と見なされ、苛烈な弾圧に曝(さら)され、一時は壊滅的状態に追い込まれました。その後も近代化、合理主義、唯物的な思考から迷信の巣窟(そうくつ)とされ、陥れられてきた歴史があります。その後、少しずつ明るい光が見えつつあるように思うのです。

最近（二〇二三年五月）、蔵王権現金峯山寺から吉野の山に登った時、また四国の満濃池の辺で行われた空海生誕一二五〇年記念祭に参加した時、多くの山伏の方がたが参加されておりました。しかし、修験道を専門とする宗教家の方がたの評価は、〝まだまだ〟というものが多いようです。修験道は、自然を主体とした日本的形態を持った宗教であり、またすべての日本宗教の基になっており、世界に通じる普遍性を兼ね備えていると思うのです。したがって以後ますます、自然との関係において豊かな可能性を秘める修験道は期待されるのではないでしょうか。そうあってほしいものです。

日本の仏教史を学ぶということ、それは「教義」「教団仏教史」を学ぶということのような気がするのです。仏教は、信仰と同時に存在し、民衆と共に歴史を歩んできたものだと思うのです。そうでなければ〝仏教研究者のための仏教〟にしかならないと思うのです。民衆の中にあって、どういう精神的受容がそこにあったのかが、仏教史の王道でなければならないと思うのです。修験道は民衆に寄り添い続けた宗教であり、その担い手も絶えず民衆の中から生まれてきたと思うのです。

確かに修験道宗には文献などがないため、研究者の皆さんにとっては扱いにくい宗教であると思うのです。しかし日本民族の

空海生誕1250年記念祭　満濃池の辺にて

太古から自然信仰をベースとしたものであり、日本人のＤＮＡにしっかり刷り込まれたことを考えると、修験道が正しく伝えられてほしいと願うものです。

さて現在（二〇二二年末）でも、いまだコロナ禍は治まらず、世界中がウイルスと戦う状況は続いています。このウイルスは人の命を奪うだけでなく、グローバル化が進んでいた世界を分断させ、いわゆる〝分断の嵐〟を吹き荒れさせました。そこに、ロシアのウクライナ侵攻という出来事がいっそう拍車をかけ、分断は国だけでなく人間、地域、家族にまで及びました。この分断と争いの無い世界を構築するには政治、経済だけでなく、〝宇宙船地球号〟に乗っている人間の生き方そのものを見つめ直す必要があるでしょうし、仮にこのウイルスを撲滅したところで、また新たなウイルスが出てくるでしょう。人間にはウイルスと共生する生き方、すなわち自然から学び、自然の中で共生する生き方が求められるのです。それは、修験道の求める世界でもあります。

梅原猛氏が提言しています。

「自然と共生を考えた新しい哲学」

この思想を樹立し、二十一世紀の政治、経済、文化を先導する人間の生き方を示す哲学が必要であると言っています。取りも直さず、それは修験道宗の神髄にほかならないのです。

二十一世紀初頭の現在、世界は政治、経済、科学に支配されていると言ってもいいと思うのです。しかし、そこに渦巻く狭い〝国家的エゴ〟を離れた世界、すなわち自然に回帰した調和への努力がなければ、人類の真の幸福は生まれてこないと確信するのです。

人間の心を癒し、高みへ導く方法の一つとして宗教が存在していることは、どなたも認めるところでしょう。修験道宗は自然の中から生まれ、わが国のすべての宗教を取り込んだ宗教であることを、ここであらためて強調するとともに、わが国宗教関係者が世界に羽撃き、宗教間の争いの無い世界平和に貢献することを期待し、祈るものです。

信濃の国、長野県の戸隠の地主神九頭龍社と同じ場所に、『古事記』の「天岩戸伝説」にある天手力男命が祭神として祀られている奥社がありますが、この奥社と中社（天八意思兼命を祭神）との中間に位置する場所、越水ヶ原に公明院があります。

ここまで著してきた姫野公明師は、昭和十六年（一九四一）、霊峰戸隠山に入峰し、苦修行練行の後、陀羅尼の秘法を修得され、この地に公明院を建立して、ここを本拠地として求道に精進され、数々の偉業を成し遂げたのです。師はこの地に眠っておられますが、今も多くの方がたがお詣りし、御加護、お導きを受けられています。

本書では、理解できない不思議な事象を多く載せてありますが、これらは皆事実です。普段見えない、感じられない霊（先祖の御霊）を敬う思いを忘れずに生きることが賢い生き方でしょう。

一方、神仏というものを信じない人には、神仏は無縁なものです。しかし、この神仏に無縁な人でも、死に際して、多くの方がたは神仏のいずれかにより供養されて、次の世（？）に行くことになります。これらはそれぞれの考え方、立場におかれ、自由に受け止めるべきであることは承知しております。

私たちを救い上げてくれる外部の不思議な存在、換言しますと、そういった神秘的な世界を心の底から信じることのできる人にしか、神仏は手を差し伸べてくれないと思うのです。

師は常に「霊魂不滅ですよ」と言っておられたことを再び記し、ここに師の歌を著しておきます。

祈りても志るしなきこそしるしなれ
　祈る心にまことなければ
　　　　　　　　　姫野公明

ここまで拙文に耐え、お読みいただき、ありがとうございました。

本書を著すに当たって、各界の著名かつ偉大な皆々様の文献並びに資料を参考にさせていただきましたことに、心から感謝申し上げます。ありがとうございました。一部、直接引用させていただいた部分もあり、ご容赦くださいますよう、伏してお願い申し上げる次第でございます。ありがとうございました。


本書出版に当たり、校正にご協力していただいた山崎圭子氏および松村友宏氏、また、表紙のイラストには姫野公明師の若き日を想像されて描かれた小林浩道氏、さらに出版会社の社長木戸浩様、営業の鈴木亮三様からは適切なアドバイスを頂き厚くお礼を申し上げます。

ここまで拙著をお読みいただいた読者の皆々様それぞれに、神のご加護と先祖の守護があり、幸せな人生を送られますことを心からお祈り申し上げます。

最後にいつも書題を筆書きしてくれる妻（掌風）はじめの家族の応援があり感謝します。

（合掌）

参考資料

姫野公明師ゆかりの地など

一　陀羅尼(だらに)

「陀羅尼」とは梵語（サンスクリット語）「ダラーニ」を音写した語で、仏教における呪文の一種です。意訳して「総持」「能持」などともいいます。「ダラーニ」とは「記憶して忘れない」という意味で、仏教修行者が覚えるべき教えや作法を指しました。やがて、これが転じて「暗記されるべき呪文」と解釈されるようになり、一定の形式を満たす呪文を「陀羅尼」と呼ぶようになったのです。本来、陀羅尼は暗記して繰り返し唱えることで雑念を払い、無念無想の境地に至ることを目的としています。

「陀羅尼」が意味希薄な言葉であるのは、これが本来、無念無想の境地に至ることを目的としていたため、あまり具体的な意味のある言葉だと日常的な連想が働いて、かえって雑念を呼び起こしてしまうからであると言われています。

二　得浄明院（とくじょうみょういん）

〈所在地〉京都市東山区新橋大和大路東入三丁目林下四五九
〈宗派〉無宗派
〈本尊〉一光三尊阿弥陀如来（善光寺と同じ）

得浄明院は、明治二十七年（一八九四）に信州善光寺の京都別院として建立されたお寺で、建物は大小の差こそありますが、同じ造りをしています。当時は交通網が発達しておらず、関西から信州善光寺まで参拝することが大変だったため、「関西で善光寺如来との縁が結ばれるように」と、この地に建立されたものです。本堂の下には善光寺と同じく戒壇廻（めぐ）りがあり、筆者は孫と廻（めぐ）ったことがあります。

この地は、もともと知恩院の入道親王坐住の「華頂殿」の一部であったもので、開山は善光寺大本願第百十七世誓圓尼公（せいえんこう）という方によります。

通常は非公開のお寺ですが、毎年、一初（イチハツ）の咲く頃に特別公開されています。一初は、菖蒲の中でも春一番に咲くことから、こう呼ばれているそうです。昔は、火災や台風などから家を守る厄除けの花として、茅葺き屋根のてっぺんに植えられていたのです。境内には紫と白の二色の一初をはじめ、ドイツアヤメなど珍しい品種もあり、毎年、春には境内を彩るそうです。

得浄明院

三　尊龍院

岡山県倉敷市にある修験道の寺院で、本尊は十一面観音、天台修験系の一派である「修験道」の総本山です。

修験道の祖と言われる役小角（えんのおづぬ）（役行者（えんのぎょうじゃ））は文武天皇三年（六九九）、朝廷より訴追を受け、熊野本宮に隠れていましたが、伊豆大島に配流されました。

伝承によれば、行者の高弟、義学・義玄・義真・寿玄らの五人の弟子たちは、その難が御神体に及ぶのを避けるために、多くの弟子とともに、紀州熊野権現の御神体、霊宝を船に奉じて熊野灘を出航し、浄域を求めて各地をさまよったということです。

その後、役小角が赦免になられた大宝元年（七〇一）、霊夢により児島に上陸。幽玄な山々を紀州の深山になぞらえて、ここ、林の地に御神体を安置し、新熊野三山を開きました。そして五人の高弟は尊龍院、太法院など五つの寺院を設けました。これが五流の基礎となったのです。

こうして五流山伏は、役行者神変（じんぺん）大菩薩の修験道を継承伝授し、児島の地にあっても紀州熊野大峰の人峯を総括してきました。五流山伏は、代々熊野権現の長床を道場として修行したので「五流長床宿老」と呼ばれ、人びとの深い信仰に支えられて、全国にその勢力を誇ってきました。皇室の尊崇も厚く、歴代の天皇、上皇、法王の熊野行幸の先達を務めたことから、「行幸山伏」とも呼ばれています。

時代は移り、承久三年（一二二一）、承久の乱に敗れた後鳥羽上皇の皇子、冷泉宮頼仁親王はこの地に流され、尊龍院の境内に庵を設けられました。その弟君、桜井宮覚仁法親王も児島に下向し、尊龍院の住職となられ、頼近親王の実子、道乗大僧正を後継とされました。それ以来、尊龍院は頼近親王の血脈を続けて今日に至っています。現在、五流尊龍院は、全国に三〇〇を超える寺院や教会を持ち、数百名に及ぶ熟達した教師、僧侶を擁する正統修験の総本山として、伝統を守っています。

ちょっと横道に逸れますが、実は大久保利通が東京・紀尾井町で暗殺されたときに乗っていた馬車が、この尊龍院に保管されているのです。この馬車は事件後、東京・高輪の大久保家別邸にあったお宮の中に保管されていたのです。それが、大久保利通の三男・利武氏夫人が姫野公明師と親しくされていた時、「師が人の血を吸っている馬車を家の中に置くのは良くない、きちんとしたところに納め、お祓いしたほうがいい」と進言して、五流尊龍院を紹介したのです。筆者は二〇二一年四月一〇日に訪問したとき、尊龍院住宅棟（？）に入るとすぐに馬車が保管されていました。撮影禁止になっていましたが、特別に許され撮影してきました。

四　五台山

中国山西省北部の五台県にある霊山です。標高三〇五八m。文殊菩薩の聖地として古くから信仰を集めています。また五台山には五つの平坦な峰があり、中国の四台仏教聖山の一つ、紀元後一世紀から二十世紀初頭までの長い間、寺院の建立が続いており、重要な増院や寺院は山の斜面にあります。千年以上にわたって中国王朝の保護を受けてきており、また仏経の聖地であることを示す建物、彫刻、絵画等が多く残っています。

唐代の頃からは、日本の留学僧がここに入って仏典を学び、日本に伝えています。姫野公明尼もここで修行し学んでいますが、様子を知る資料は見当たりません。

五　天台山

中国浙江省東部の天台県の北方二㎞にある霊山です。最高峰は華頂峰で標高一一三八m、天台山にある国清寺は智顗によって建設され始めましたが、その没後、開宝十八年（五九八）に完成しました。はじめは「天台寺」といいましたが、後に「国清寺」に改めます。国清寺は、日本仏教の歴史上、重要な寺院であり、最澄、栄西、円珍など多くの僧が訪れて学んでいます。特に最澄は帰国後、天台宗を開いています。

文化大革命で破壊されましたが、周恩来の命令により、修復・再建されています。

役小角・吉野年表

・五七年
奴国王、後漢の光武帝から「漢委奴国王」の金印を授けられる（江戸時代に福岡県、志賀島から出土、国宝）
・二三九年
卑弥呼、魏の皇帝から「親魏倭王」の金印を授けられる
・六三一年
天武天皇（大海人皇子）生まれる？
・六三四年
役小角、生まれる（『役行者本記』『役君形生記』）
・六四五年
大化の改新
・六五六年
斉明天皇、両槻宮と吉野宮を造る
・六六〇年

斉明天皇、百済救援の戦争を準備、駿河国造船を命ずる

・六六一年
　斉明天皇　没する。天智天皇が政務を司る

・六六三年
　日本軍、白村江で大敗

・六六八年
　役小角（三十三歳）、初めて大峰に登る（『役行者本記』）

・六七一年四月
　役小角（三十七歳）、山上ヶ岳で金剛蔵王権現を感得する（『役行者本記』）

・六七一年十月
　大海人皇子、近江から吉野へ逃れる
　大海人皇子、吉野滞在中に桜の夢を見たことにちなんで桜本坊を創設
　大海人皇子、小角と蔵王堂を創設する

・六七一年十二月
　天智天皇　没する
　大友皇子、弘文天皇に即位

・六七二年

・六七三年
大海人皇子、吉野で挙兵、壬申の乱勃発。弘文天皇自殺
大海人皇子、天武天皇として即位
・六八六年
天武天皇　没する
・六九九年
役小角（六十五歳）伊豆大島に流刑
・七〇〇年
役小角（六十六歳）死刑を執行されるが、刀が折れ死刑を免れる（『役行者本記』）
・七〇一年
役小角（六十七歳）流刑を許され、仙人となって空に飛び去る（『日本霊異記』）
役小角、母を鉢に乗せて隠没（昇天）する（『役行者本記』）
・七〇二年
役小角、長崎・平戸で海寺を開基、「役行者の鈴」を残す（『寺伝』）
・七〇三年
役小角（六十九歳）母を鉢に乗せ、海に浮かんで唐に渡る（『役君形生記』）

姫野公明師の年譜

・明治三十一年（一八九八）

九州豊後の国（現大分県湯布市湯布院町）に生まれる。生来の英資神慮に叶い、十七歳にして仏門に入る。京都、得浄明院御池の御殿にて、明治天皇の叔母・宮尼公より剃髪を賜る。中途、労症を患い一時下山して、療養に専念する。病が癒えて児島（岡山県）の日本修験道総本山、五流尊瀧院の御門に入り、長床衆として求道に邁進する。

・昭和七年（一九三二）、昭和十一年（一九三六）

二度、中国に渡り、天台山、五台山、白雲山の役行者の足跡を慕い、錬功の功を積む。

・昭和十六年（一九四一）

六月十日、霊告により、最後の止メ山として霊峰戸隠山に入峰する。戸隠山・三十三霊窟復興の大誓願を立てる。一山衆徒の信心を衆め、準備整い、五名の挺身隊を伴って十月十七日、勇躍入山する。幽谷懸窟の登攀、その辛苦は筆舌に絶する。

十月十九日、白雲皚々たる断崖から転落して腰の打撲と足の捻挫の事故に遭遇する。膏薬を貼り、一時をしのいで錬功を続行する。

・昭和十七年（一九四二）

年を超えて、なお厳寒の深山に錬行を続ける。零下二〇℃以下の酷寒下の荒行のため、両足に凍傷を負い、二月二十四日、飯縄山麓の鉄鉱泉に治療に行く。その夜半、突如、飯縄山頂の厳頭に延命地蔵大菩薩の尊容を拝し、その御手に持たれた錫杖が飛来するのを感得。この奇縁により三年前から宿で保管中の錫杖を入手する。再び入山して錬行を続行する。零下二〇℃、深山の仮小屋の荒行により、前年の打撲と捻挫の傷が再発。三月九日、激痛が日に日に募り、手そりで一昼夜、二日がかりで長野に下り、一か月、安藤整骨院の治療を受ける。病がほぼ癒え、帰山せんとする前夜、突如として戸隠奥の院の九頭龍神の霊告があり、その尊容を霊感する。今井登氏を煩わし、八方手を尽くしてその御在所を訊ねる。ついに権堂町宮下骨董店に一〇年ほど前から保存されている尊像を拝することができた。京都に修理に出して半年後、公明院に安置。かねて秘法練行中に秋葉三尺坊大権現の霊告あり、そのお導きにより四月九日未明、宝光社、旧教釈院にて、三尺坊が自ら刻んだ尊像に慈父に遭う心地で邂逅（かいこう）され、宿願を果たされた。十二月九日、二年がかりの壮挙、戸隠表山三十三霊窟の復興ことごとく了り、誓願を果たす。その際の転落負傷、凍傷が九頭龍神尊像の発見や錫杖落手の契機となったことの深き神意を知り、恐懼（きょうく）感激する。

・昭和十八年（一九四三）

五月十九日、読経中に突然「我、元の奥の院に帰る」と九頭龍神からの霊告あり、ご好物の甘酒を九日間献饌して、奉還をお誓いする。その間、甘酒をめぐり不思議な霊感あり、急遽尊像を奥の院に納め奉る。明治五年の神仏分離の御難より七十余年ぶりのご帰還を見る。感慨無量。

・昭和二十五年（一九五〇）

大戦に散華した英霊の鎮魂、祖国の再建と世界平和を祈念して、日本の中心、この戸隠の地に万国宝篋印塔建立の議が起こり、元久爾宮殿下を総裁として奉徳会を結成し準備を進める、八月十五日、迎えた五度目の終戦記念日、ついに宝篋印塔の開眼式が行われる運びとなった。占領下、神社参拝も許されないときに破天荒の壮挙として、その実現に至るまでの波乱万丈の曲折は言語に絶した。

・昭和三十四年（一九五九）

十月二十四日、飯縄山麓芋井の伝田幸陽氏宅において、偶然にも飯縄権現の本地仏、延命地蔵の尊像を拝する機会を得る。十七年前（昭和十七年）の鉄鉱泉の一夜、霊告により錫杖を授けられた尊像であることを知り、恐懼感激して尊像を公明院に奉遷した。

・昭和三十七年（一九六二）

長野市若穂の今井恵雄氏の懇願により、当地に五輪供養塔を建立する。祭神は天命稲荷大明神、石に刻まれた「霊魂不滅」の題字は、元梨本宮妃殿下のご親筆である。八月十四日、五輪塔前で読経中に霊告があり、この地に眠る眷族の長の霊が戸隠入塚にて未斉のまま顧られないでおられることを知り、恐懼する。急ぎ帰山して人塚を探す。十一月十七日、ついに戸隠の深山に人塚の跡を発見する。やがてその神秘的な境地で霊告があり、その尊容を感得する。かくて〝この地に鎮魂の一宇を建立せん〟と誓願を立てる。

・昭和三十九年（一九六四）

八月二十四日、元梨本宮妃殿下が戸隠に参拝された。公明院にお立ち寄りのみぎり、八十三歳のご高齢の同妃殿下が五〇kgもある延命地蔵の尊像を軽々と祭壇よりお膝に受けられ、しばし黙禱（もくとう）されて元の位置に納められたのには、一同唖然として声なく、凡慮の及ぶところでないと深く感銘された。

・昭和四十年（一九六五）

その昔、上杉、武田の戦禍を避け、戸隠三院八十坊がこぞって小川村、筏ケ峰に移住するという悲運に見舞われた。その間、三十余年、衆徒は望郷の悲愁に泣き、帰山の日を待ちわびつつも、法灯を絶やさなかった。戦火おさまり帰山の時、すでに退転して帰山叶わぬ空坊三十坊もあった。その三十余年間、彷徨（ほうこう）した霊の鎮魂のための供養塔建立の機運が熟した。十月十一日、「戸隠万人塚」の除幕式が、ゆかりの筏ケ峰の浄域において執り行われた。戸隠脱出以来、四百年の歳月が流れていた。

・昭和四十一年（一九六六）

若穂養塔周辺の土地、約二万四千坪が、県企業局の手により住宅団地として造成されることになった。この地籍内に一八基の古墳が点在していたので、学術調査とともに、その処置について公明院に相談があった。かくして知らざる神霊の鎮魂と団地の繁栄のため、団地に敷設して若穂天命稲荷社を建立することとなる。

・昭和四十二年（一九六七）

去る昭和三十七年十一月十七日、霊感により戸隠人塚の跡を発見の折、感得した尊容を石に刻んで像を結び、〝その尊容を奉納する一宇を建立せん〟と誓願を立てて、今日まで準備を進めてきた。十月十一日、遂に人塚に天命稲荷社が建立され、紅葉たけなわの浄域に落慶の供養が執り行われ、誓願を果たす。

・昭和四十三年（一九六八）

四月十七日、若穂団地完成とともに、若穂天命稲荷社の落慶供養が盛大に挙行された。十月二十八日、『紫雲の彼方　神々は招く』の出版記念会が長野市において開催された。とくに延命地蔵菩薩の出開帳もあり、元梨本宮妃殿下のご出席、人間国宝、米川文子師の琴曲の演奏、霊峰の記録映画上映などがあって盛会であった。

・昭和四十五年（一九七〇）

三月二日、東京目黒の本院において、公明師入定、行年七十三歳。三月六日、目白・護国寺において告別式、法名「長床大先達僧正公明法印大和尚位」。四月二日、長野市善光寺大勧進において告別式、八月二日、戸隠公明院に納骨される。

天命稲荷大明神之祭文

慎敬て神代の往昔より、此の処に鎮り在す、諸天善神の御前に言曰く、金剛仏子公明無二の丹誠を抜じ、六根懺悔の心を起し、一条の妙典を読誦し、秘密真言を持念して、此の尊き御霊の永久に鎮り給えと敬て申す。

当地今井恵雄氏の切なる願望に報え、不徳公明此の一角に五輪の供養塔を建立、然るに元梨本宮妃殿下より霊魂不滅の尊号を賜る。斯くて昭和三十七年八月十四日、読経中突如霊告あり、「我等一門の長、戸隠人塚に鎮る、汝必ず奉斎せよ、如何なる願望にも応うべしと云々」夢想だに思わざりし事とて、悲喜交々到る。急遽帰山、戸隠宮司に具申、宮司驚て曰く、「古来より文献に顕著なり、然りと雖も、幾百星霜の現在は全く人跡を断つ云々」斯くて同年十一月十七日、公明奇異の思を抱きつつ、道なき山谷を此処彼処、漸うにして大望の人塚に額突きぬ。実に感無量、背には聳え立つ霊峯を荷い、左手遥にアルプス連峯の雄大に接し、諸々の霊鳥は嬉々として中天に舞い、羽化登僊の仙境たり。然れば即ち、一度此の峯に入り、懇祈を凝す時は、法身遮那、乍ら加被の勝計を廻し、無数の聖衆「冥に擁護を垂れ給う。仰げば尊し、自から敬神の念にうたる。亦霊告あり、「汝を待つこと久し。我等を天命稲荷と斎祀せよと云々」拝すれば、神代の御姿其の儘に、頭部には星を頂き、右手には鉾を銜き給う。左手には炎々たる火焔を掲げ、項には勾玉を掛けさせ給う。足下には八十路満々たる翁の伝付給うを見る。不可思議にして言語に絶したり。不徳公明、彼の尊容を奉祭し奉る。然るに日月未だ地に落ち給わず、宿縁の然らしむる処か、県相沢企業局長を先とし、各位の甚大なる御配慮を得として、千二百有余年の長年月を風雨に晒され、此処、若穂の一角に埋れ給いし、諸神の知らざれば、誰か訪う人もなく、嗚呼神霊不滅の雄叫は、我等が耳朶を打つ。此の祭典の日を如何に待ち佗び給いしか、思うだに胸を打つ。其の悲しみも打忘れ、我等が長を頼むぞと、彼の人塚に導き給いし御神慮、実に恐懼惜く能ず、涙滂沱として禁じ得ず。玆を以て公明不徳をも恥ず、微力をも省みず、その一端にも報え度く、謹で祭文の辞を奉上し奉る者なり。

抑々天命稲荷と申し奉れば、本地は伊勢の外宮、豊受大神に在す。我が国土開闢以来、二千六百有余年の古より、昭和の御代に到る迄、法験赫々として我が朝を利し、波乱万丈の苦患に堪え、刻苦勉励と守護、金剛不滅の威神力を以て、国土平安を得たり。然れば即ち、一切大衆の願望に応え、日本六十余洲津々浦々に到る迄、その恩恵に浴せざる者なし。茲に我等貧窮の身に生れ、万品の望叶わず、就中貧者を救んと欲すれども、財宝欠ぐ、愚者を導んと欲すれども、般若乏しく、只し安閑として日を送り、昏々として夜を明す。頼む処は彼の天の願海、仰ぐ処は此の尊の本誓なり。此の天を持念すれば、利勝受けること十九種あり。一には諸病除き、二には福徳を得せしめ、三には敬愛を満てしめ、乃至十九には一切の諸願を悉地成就せしむ。祈る処の有無により感応近きにあり、大いなる哉天命稲荷大明神、自在神通の力、克く無畏の法楽を施し給う。本誓は深く、済度の利物、実に広大なり。茲に自在の脚光浴るに到りしは、千載に一遇、金剛不滅の威神力の致す処、仰ば尊し、天命稲荷大明神、王子の眷属、本誓を捨て給わず、各位の願う処の大業、障除退転なく、澄に成就円満成しめ給え。然るに国家独立媾和再建と雖も、未だ世界の情勢は混沌として暗澹たるの秋、我が大和魂を眷々服膺、協力一致、以て金剛不壊の赤誠こそ、古賢至宝にして、他国の追従を許さず、これ即ち国家磐石の礎たり。夫れ一家の富は国利民福の一大根基にして、産業繁栄は国家の源泉なり。伏して希は、大地の怨をなす怨敵を退散、眼のあたり霊妙不思議の神力を現し、法験を垂れ給え。喼々如律令。

昭和四十二年十月十一日

不徳公明敬白

各々此の旨祈祥候え

天命稲荷之祭文

明治天皇御製

目に見えぬ神の心に通ふこそ
　人の心の誠なりけり

慎 敬テ此ノ処ニ鎮リ給フ
天命稲荷大明神、本地ハ伊勢ノ外宮、豊受大神ニ在ス
別シテハ本社戸隠天命稲荷大明神ノ御前ニ言 曰ク
金剛仏子公明無二ノ丹性ヲ抜ジ、六根懺悔ノ心ヲ起シ、一条ノ妙典ヲ読誦シ、秘密真言ヲ持念シテ、法楽荘厳威光増益ノ御為ニ、法味ヲ供倶シ奉ラント法ス
仰ギ願クバ国家大衆ノ為ニ哀愍ノ眼ヲ開キ弟子ガ丹志ヲ照覧シ、速カニ守護衛護成サシメ

給ヘト敬テ申ス

昭和四十二年十月、天命稲荷大明神ト鎮リ給ヒテヨリ未ダ尚半歳ヲ過ザル現在、新社造営石鳥居、左右ノ御眷属、金ノ幣束ニ到ル迄、一切ヲ倶備セシメタル事ハ、遠ク凡慮ノ及ザル所、之レ一重ニ神変不可思議ノ致ス処、速悉ニ利勝現ス仰バ尊シ、言々句々胸ヲ打ツ、

「無言ノ説法　自ラ敬神ノ念ニ打タル」

熟々惟ルニ我国ハ開闢以来二千六百有余年ノ今日ニ到ル迄、皇統連綿トシテ神威赫々タルモ、尚未ダ人心戦々兢々トシテ、到ル処ニ禍ヒ頻ニ起リ、修羅ノ巷ニ阿鼻叫喚ノ苦患ニ泣キ、ソノ悲シミ、ソノ苦シミハ因果トナリテ子々孫々ニ及ベリ

然ルニ神護景雲三年（一、四二九年）和気清磨ハ、勅命ヲ奉ジ宇佐八幡ノ神託ヲ享ケ、玆ヲ以テ国家普ク平定セリ

斯ル尊キ宇佐八幡ノ神霊ハ、天武十五年、霊験顕著ナル九州英彦山ノ法蓮太子ノ下ニ翁トナリテ仕ヘ、白龍神ノ玉ヲ授リ、宇佐八幡ノ井戸ニ納メ今尚開ズノ井戸トシテ現存セリ

宜ナル哉、戸隠中興ノ祖、学問行者ハ、平城天皇大同元年（一、四六六年）此ノ英彦山ヨ

リ飯綱ノ峯ニ飛来シテ役ノ行者ノ遺跡ヲ尋ネタリ
ソモソモ飯綱山ハ亦二千有余年ノ歴史ヲ有スル霊峯ニシテ第十二代景行天皇ノ御代紀元七百三十一年、初メテ玆ニ飯綱大明神ヲ奉斎セラレテヨリ、日本三天狗ノ一人、飯綱三郎秘法修練ノ聖地トシテハ亦我ガ国剣道ノ発祥地トシテ、ソノ名ハ四海ニ流ル
斯ノ如キ霊地ノ如何デカ見出サレズシテ終ルベキ、今ヨリ凡ソ千三百年前、我ガ国修験道ノ開祖、役ノ行者、即チ神変大菩薩、往昔ノ形像ヲ尋ネテ、跡ヲ之ノ所ニ垂レ給ヒ、飯綱権現ヲ安置ス、本地ハ延命地蔵大菩薩ニシテ垂跡ハ飯綱天狗ト顕現シ給ウ下リテ第五十四代仁明天皇ノ御宇、学問行者、飯綱権現ノ霊告ヲ以テ、九頭龍神ヲ感得シ、西北ニ紫雲靉靆トシテ棚引クヲ見テ、是レ我ガ尋ネル霊嶽ナリトテ、之ノ人跡絶ヘタル戸隠山ニ分ケ入リヌ
峰中嶮絶、古岩層重シ、雲霧迷蒙タリ白昼尚、天日ヲ拝スル能ハズ、跋渉道ヲ失ヒ剰ヘ、猛獣鬼人多ク、容易ニ登攀スベクモ非ズ
玆ニ飯綱権現、顕現嚮導仕給ヒ、第一本窟ヨリ第三十三大天窟ニ到ル霊窟ヲ開創シ、相応

ノ尊像ヲ奉安シ給ヒシハ凡慮ヲ超越シタル仙人ノ破天荒ノ行為トシテ山霊鬼神モ跪クトカ行者ノ積功累徳ハ時ノ帝仁明天皇ノ叡感ヲ辱ウシ、奥社ニ一宇建立ノ皇恩ニ浴シタリ是レ即チ善光寺ノ奥ノ院ナリ

然ルニ宿縁ノ然ラシムル処乃、明治初年、神仏分離ノ砌、天之手力男命ヲ奉斎シ僧侶モ神官トナリ、斯クテ神代ノ往昔ヨリ明治大正昭和ノ今日ニ到ル迄、法験赫々トシテ新ナリ

昨日ハ仏ヲ安置シ、今日ハ亦神ヲ奉斎ス然リト雖モソノ御霊ハ不変ニシテ異ナルコトナシ

「父ハ打チ、母ハ抱イテ悲シムヲ変ル心ト子ヤ思ラン」

茲、若穂ノ一角ニ鎮リ在ス

天命稲荷大明神、背ニハ戸隠天命稲荷ノ本院ヲ荷ヒ、右手ニハ皆神山ノ浄刹ヲ拝シ、左手ニハ淡々トシテ流レ溢ルヽ河泉ノ霊水ハ、我ガ凡悩ノ垢ヲ雪グ心地シテ、清ク美シク、遙カニ聳エ立ツ四面ノ浄域ハ、社殿ヲ守ルニ等シク、一点非ナキ最上無比ノ聖地ト云ツベク見上グレバ、御影ノ鳥居ハ壮厳ニシテ厳粛タリ、天命稲荷ノ献額ハ、我ガ県下ノ一人者西沢知事ノ自筆ナリ

夕辺ニハ幾百星霜広漠タル荒野モ西沢知事ノ破業タル、相沢企業局長ヲ先トシテ心血ヲ傾倒、各位ノ絶大ナル御支援ノ下ニ開眼ノ兆現レ、今時ノ祭典ニ導キ給シ事、実ニ感無量涙滂沱トシテ禁ジ得ズ

一社一堂建立ノ功徳、現世当来・最上無比ノ福田ニシテ此ノ高大ナル徳行ハ子々孫々ニ到ル迄、其ノ加護ヲ得ン

況ンヤ、鳥居、前立、山道開発ニ賛助ノ各位ノ高績ハ霊峯ト共ニ永久ニ不滅ナリ然 即チ此ノ功徳ヲ以テ、今日参拝ノ各位、百年ノ幸、家内安全、営業繁栄ト、大地ノ仇ヲナス怨敵退散眼ノアタリ霊妙不思議ノ神通力ヲ現シ、法験ヲ垂レ給ヘ嗚々如律令 仰バ尊ジ、是レ正ニ、人生行路ノ光明トナリ、延イテハ福祉国家ノ礎トナリ給フ

昭和四十三年四月十七日

不　徳　公　明　敬　白

各々此ノ旨祈祥候へ

《参考文献》

・戸隠―総合学術調査　信濃毎日新聞社　一九七一年
・鈴木大拙全集（七巻）（二四巻）　岩波書店　一九六八年・一九六九年
・沖縄返還　栗山尚一著　岩波新書　二〇一〇年
・紫雲の彼方　神々は招く　姫野公明著　公明院　一九六八年
・戸隠山物語　大藪宏著　保険毎日新聞社出版部　一九九六年
・臨死体験（上・下）　立花隆著　文藝春秋　一九九四年
・日本の思想（第八巻）聖なるものへ　岩波講座　二〇一四年
・柳田國男全集（第一〇巻）先祖の話　筑摩書房　一九七七年
・日本とは何かということ　司馬遼太郎・山折哲雄　NHK出版　一九九七年
・修験道の歴史と旅　五来重著　角川書店　一九九五年
・人は死なない　矢作直樹著　バジルコ（株）　二〇一一年
・修験道文化考　恒遠後輔著　花乱社　二〇一二年
・大峰千日回峰行　塩沼亮潤・板橋興宗　対談　春秋社　二〇〇七年
・修行と信仰　藤田庄市著　岩波現代全書　二〇一六年
・「靖国」という悩み　保阪正康著　毎日新聞社　二〇〇七年
・修験道入門　五来重著　角川書店　一九七九年

・霊魂のこと　正木晃著　ＮＨＫ出版　二〇一三年
・道教の世界　窪徳忠著　学生社　一九八七年
・日本人の魂　梅原猛著　光文社　一九九二年
・森の思想が人類を救う　梅原猛著　小学館　一九九三年
・日本の思想（第五巻）身と心　岩波講座　二〇一三年
・科学とオカルト　池田清彦著　講談社　二〇〇八年
・科学時代の知と信　ジョン・ポーキング／稲垣久和・浜崎雅孝訳　岩波書店　一九九七年
・宗教と科学的真理　垣花秀武著　岩波書店　一九九七年
・死について考える　遠藤周作著　光文社　一九八七年
・役行者と修験道の歴史　宮家準著　吉川弘文館　二〇一六年
・役行者　前田良一著　日本経済新聞　二〇〇六年
・回峰行を生きる　光永覚道著　春秋社　二〇〇〇年
・山の霊力　町田宗風著　山と溪谷社　二〇一八年
・靖国神社の消える日　宮澤佳慶著　小学館　二〇一七年
・今知っておきたい、霊魂のこと　正木晃著　ＮＨＫ出版　二〇一三年
・日本の自然崇拝、西洋のアニミズム　保坂幸博著　新評論社　二〇〇六年
・仏教と科学　松長有慶著　岩波書店　一九九七年

・白雲の彼方　神々は招く　清水泰雄著　ながのコロニー　二〇一九年
・姫野公明の奇蹟　清水泰雄著　ほおずき書籍　二〇二一年
・転生の秘密（エドガー・ケイシーレポート）ジナ・サーミナラ著　たま出版　一九九八年
・カント全集（三）　前批判期論集Ⅲ　岩波書店　二〇〇一年
・アルストテレス全集（六）霊魂論　自然学小論集　岩波書店　一九六八年
・霊魂の不滅か死者の復活か　オスカー・クルマン著　日本キリスト教団　二〇一七年
・はじめての修験道　正木晃　田中利典　内山節鼎談　春秋社　二〇一六年
・新蔵王権現入門　総本山金峯山寺　金峯山寺　二〇二一年
・雑誌「大法輪」大法輪閣　一九九七年八月
・死の瞬間　エリザベス・キュウーブラ・ロス著／鈴木晶訳　読売新聞社　一九九八年
・続・死の瞬間　エリザベス・キュウーブラ・ロス著　鈴木晶訳　読売新聞社　一九九九年

清水泰雄（しみず　やすお）

昭和14年（1939）生まれ。長野県出身、東京電機大卒、東京電力（株）、KDDI、東京電設サービス（株）に勤務、電気主任技術者第一種所有。技術畑一筋、前回の東京オリンピックの電力供給、超高圧送電線路都心導入、欧米電話番号システム調査団（郵政省主催、東大法学部芝原教授団長）に参加、AT&T、MCI、NYNEX、ベル研究所、ほか訪問。会社引退後、信州にUターン。現在は畑で野菜づくり。
著書：『白雲の彼方　神々は招く』（自費出版）、『姫野公明の奇蹟』（ほおずき書籍）

霊魂不滅　－修験道の世界から見る－

2023年９月24日　第１刷発行

著　者　清水泰雄
発行者　木戸ひろし
発行元　ほおずき書籍株式会社
〒381-0012 長野市柳原2133-5
TEL(026) 244-0235㈹
FAX(026) 244-0210
URL http://www.hoozuki.co.jp/

発売元　株式会社星雲社（共同出版社・流通責任出版社）
〒112-0005 東京都文京区水道1-3-30
TEL(03) 3868-3275

ISBN978-4-434-32723-0

・乱丁・落丁本は発行所までご送付ください。送料小社負担でお取り替えします。
・定価はカバーに表示してあります。
・本書の、購入者による私的使用以外を目的とする複製・電子複製及び第三者による同行為を固く禁じます。
©2023 by Yasuo Shimizu Printed in Japan